일상적인 것이
가장 정치적인 것이다

요시이 히로아키 지음
정문주 옮김

복잡한 세상을 이해하는 지금 여기의 사회학 이야기

일상적인 것이
가장 정치적인 것이다

오아시스
Oasis

타인을 이해하겠다는 의지야말로
정치적이 되기 위한 핵심 요소이다.

사회학을 공부하면 다짜고짜 '운동권이야?'라는 질문부터 듣던 시절이 있었다. 재미난 것은 이를 마냥 오해라고 볼 수는 없었다는 것이다. 세상을 바꾸겠다는 사람들에게 나쁜 현실을 냉정하게 비판하는 사회학과는 홈그라운드였다. 그러니 저 질문은 사회학이 어떤 학문인지를 아는 사람들의 질문이었다. 지금은 이런 곡해조차 없다. 사회학 전공자들은 '도대체 취업에 도움이 안 되는 공부를 왜 해?'라는 표정을 한 이들 앞에서 자신도 정확히 모르는 구조, 행위 어쩌고의 말들을 장황하게 내뱉기 바쁘다. 그래 봤자 '사회학 공부하면 결혼식 사회는 잘 보겠네'라는 비아냥거림을 피할 수 없다. 현상의 원인을 사회에서 찾는 것이 스스로의 결핍을 외면하는 핑계로 해석되는 각자도생의 시대에 사회학은 인기가 없다.

이 지경이 될 때까지 사회학자들은 도통 알아듣기 힘든 용어로 사회를 말하기에 바빴고 그 버릇은 여전하다. 그러니 사람들은 사회학자들이 말하는 사회와 자신이 사는 사회가 같은 것인지조차 헷갈려 한다. 하지만 사회학자 요시이 히로아키는 직무유기를 하지 않는다. 사회학이 누구나 발 딛고 서 있는 '지금 여기'에 대한 관심이라는 것을, 그래서 누구도 사회를 벗어날 수 없는 존재임을 친숙한 사례들로 설명한다. 사회학적 고민이 평범한 일상을 살아가는 누구에게나 필요하고 가능함을 증명하는 이 책의 백미는 대중 독자를 확보한다는 미명하에 대중과 타협하지 않는다는 점이다. 히로아키는 자칫 차별과 폭력도 용인될 수 있는 다양성의 덫을 거부하고 상식적인 사회를 만들기 위해 우리가 왜 친숙한 것을 낯설게 바라봐야 하는지를 단호하게 짚어준다. 특히 그릇된 정상성을 비판하면서 중립이라는 얄궂은 언어에 구속되지 말 것을 강조하는 대목은 짜릿하다.

관성에 젖은 자신의 친숙한 일상에 균열을 일으켜 옳은 방향으로 정치적 한 걸음을 옮기는 걸 어려워하지 않는 사람들이 많아야지만 사회는 좋아진다. 그 이정표가 궁금한 사람들의 필독서다. '스마트'하다는 기계에서 눈을 떼지 못하는 사람들이 만들어가는 세상이 정말로 스마트한지 우리는 진중하게 성찰해야 한다.

오찬호
(사회학자, 《우리는 차별에 찬성합니다》, 《그 남자는 왜 이상해졌을까?》의 저자)

복잡한 세상을 이해하는 법

사회학은 어떤 학문일까요?

법학은 법률을 다루고, 경제학은 경제를 다루며, 심리학은 심리를 다룹니다. 그렇다면 사회학은 사회를 다루는 학문이라고 짐작할 수 있습니다. 하지만 사회학이 사회를 생각하는 지적 실천이라 설명하면 틀린 말은 아니지만, 잘 와 닿지는 않습니다.

"사회학자가 백 명이면 백 가지 사회학이 있다." 대학원 시절 자주 들은 말입니다. 이 말은 사회학이 체계성 없고 자의적이며 막된 활동이라는 뜻이 아닙니다. 오히려 사회학이라는 지적 실천의 폭이 얼마나 넓으며, 이해하고 탐구해야 할 사회의 현실 및 현상이 얼마나 다양한지를 지적하는 말로 이해해야 합니다.

지금도 그 의미는 유효합니다.

왼손잡이인 자기 인생을 통해 '왼손잡이가 경험하고 실감하는 고통'을 고찰한다는 '왼손잡이의 사회학'.

연례행사처럼 열리는 대규모 록페스티벌을 보면서 현대 일본의 대중문화로 뿌리내린 이 행사가 어째서, 그리고 어떻게 수많은 사람을 끌어들이는지, 그 매력을 다각도로 분석하는 '록페스티벌의 사회학'.

'외모'에 관해 사람들이 어떤 생각을 품고 있는지 화장품 산업과 미용 성형의 실태 등을 조사하고, 아름다움을 높이 사는 현대 사회에서 어떻게 살아가면 좋을지 고민하는 '외모의 사회학'.

베트남전쟁 등 1960년부터 1970년대 미국 역사와의 관련성을 토대로 '아메리칸 뉴 시네마'라는 새로운 장르의 영화를 깊이 들여다보고 청년 문화의 탄생과 변천을 연구하는 '아메리칸 뉴 시네마의 사회학'.

세미나에 참여한 한 학생은 본인이 여고를 나와서 상대를 보면 그 사람이 여고 출신인지 아닌지를 바로 알 수 있다면서 자신의 모교뿐 아니라 수많은 여고의 이념을 조사하고, 교사와 학생을 대상으로 청취 조사를 거듭해 여고 특유의 문화와 생활 세계를 연구하기도 했습니다. 어떻게 '여고 출신'을 판별할 수 있는지 그 수수께끼를 풀려는 고민인데 이른바 '여고의 사회학'입니다.

그 외에도 결혼과 관계를 생각하는 연애론, 애완동물 붐의 사회학, 인디밴드가 활약하는 음악 세계에 관한 연구, 하라주쿠(原宿)라는 독특한 장소를 파고드는 사회학 등 세미나에 참여하는 학생들은 그야말로 다양한 주제로 졸업논문을 씁니다.

저는 세미나 수업에서 학생들에게 여러 번 강조합니다. '교수인 내가 관심을 두는 주제와 상관없이 자신이 정말 조사해보고 싶은 주제를 골라 연구하라'고 말입니다. 대학원에 진학해서 사회학을 전문적으로 연구한다면 몰라도 학부를 졸업해 사회로 나갈 여러 학생에게 졸업논문은 '그 시기에만 만들어낼 수 있는 작품'이자, '대학 4년 동안 사회학을 배운 성과이자 증거'이기 때문입니다.

세미나 수업을 듣는 학생들은 "이런 내용을 조사하고 싶은데, 이것도 사회학 논문이 되나요?"라는 질문을 꼭 던집니다. "좋네요. 충분히 사회학으로서 성립합니다." 이것이 제 대답이지요.

그런데 이렇게 다양한 주제와 관심에는 공통점이 있습니다.

현대를 고민하건, 과거 역사를 파고들건, 장소나 지역이 달라도, 삶의 어느 단계에 주목하더라도, 늘 거기에는 '타인과의 만남'이 있고 '타인과 함께 존재하는 내 모습'이 있다는 것입니다. 다시 말해 '타인의 존재'야말로 사회학의 기본적 사실이며, 사회학적 질문을 통해 풀어야 하는 '수수께끼'입니다.

이렇게 생각하면 일단 '사회학이란 타인과 관련한 학문이다. 사회학이란 타인을 생각하고, 거기서부터 나라는 존재를 되돌아보는 학문이다'라고 이해할 수 있겠습니다.

그럼 어떻게 타인을 생각하고, 나라는 존재를 생각하며, 사회를 생각해야 할까요? 이 질문에 대한 답을 찾아가는 행위야말로 이 책을 읽는 독자 여러분의 숙제입니다.

여러분, 저는 사회학이 재미있습니다. 이제부터 그 재미있는 사회학의 기본에 관해 말씀드리겠습니다.

차례

제1장 사회를 바라보는 여섯 가지 관점

제2장 일상성이라는 보석 상자

제3장 스마트폰이 있는 일상

제4장 '~답게' 살기의 폭력성

제7장 '정치적'이라는 말의 의미

제1장

사회를 바라보는
여섯 가지 관점

사회학과 학생들에게 '왜 사회학을 공부하려 하는지' 물어보면 '언론 계통에서 꿈을 펼치고 싶어서'라는 답을 적잖이 듣습니다. 물론 언론에서 활약하려면 사회학 지식은 필수입니다. 그러니 장래 희망을 이루기 위해 사회학을 배운다는 말은 지당합니다. 하지만 다른 한편으로는 세상 사람들이 사회학에 대해 떠올리는 이미지가 얼마나 편협한지를 알 수 있습니다. 그 점이 걱정입니다.

물론 언론은 현대사회를 비평합니다. TV 프로그램은 뉴스를 알기 쉽게 설명해주지요. 그걸 보면서 '저런 것이 사회학이구나'라고 생각하는 사람이 많습니다. 그렇지만 사회학의 역할은 그 이상입니다.

저는 대학에서 전공 강의로 차별과 소외 문제를 수업하면서 사회학의 역사에 관해서도 가르칩니다. 니혼(日本)대학 문리학부 사회학과에서는 2학년 필수과목으로 사회학사를 다룹니다. 현재 일본 전역에 '사회학' 또는 '현대사회학'이라는 이름으로 개설된 학부와 학과가 많지만, 학생들에게 사회학의 역사를 제대로 가르치려 하는 곳은 거의 없습니다.

저는 예전부터 사회학의 역사만큼은 제대로 가르쳐야 한다고 생각했습니다. 그래서 지금의 상황이 우려스럽습니다. 유럽에서 종교개혁, 산업혁명이 일어나고 근대사회라는 단계가 시작될 무렵부터 현재에 이르기까지, 사회학은 독자적인 학문으로서 그 역사를 이룩해왔습니다. 그 역사는 참으로 깊이 있는 지적 축적의 산물입니다.

자, 이제 우리가 살아가는 일상을 사회학이라는 프리즘을 통해 재조명하는 여행을 떠나기에 앞서, 여러분을 제 강의로 잠깐 초대하겠습니다.

저는 강의가 시작되면 사회학의 거장들이 어떤 생각을 했는지부터 살펴봅니다. 그들이 구축한 이론과 개념을 정확하게 이해하는 작업도 중요하지만, 그보다는 사회학이라는 지적 활동이 사회를 어떻게 바라보는지, 사회를 읽어내기 위해 어떠한 도구와 관점을 제공했는지를 수강생에게 가능한 한 쉽게 설명하려 합니다. 사회학의 거장들이 살았던 과거의 시대 상황은 현대와는 사뭇 달랐습니다. 인터넷도 없었고 스마트폰도 없었습니다. 요즘 사람들은 그런 세상이 있었다는 상상조차도 하기 어렵겠지요. 하지만 그때나 지금이나 사회학자의 자세는 별반 다르지 않습니다. 당시의 사회학자들도 그 시대의 첨단을 걸으면서 격변하는 사회를 분석하고 그 속에서 살아가는 사람들을 어떻게든 이해하고자 했습니다. 지금의 사회학 연구자들이 현대의 문제와 정면으로 마주하려는 모습과 무엇이 다르겠습니까?

그렇기 때문에 과거 사회학자들이 구상하고 제시했던 '관점'이 지금도 의미 있는 사회학적 지식으로 활용되고 있는 것입니다. 그런 의미에서 1장에서는 사회학의 거장 몇 분을 예로 들면서 그들이 제시한 관점의 핵심을 순차적으로 짚어보고자 합니다.

사회를 보는 기본 관점: '행위'

우선 뭐니 뭐니 해도 막스 베버(Max Weber, 1864~1920)[1]부터 언급해야겠습니다. 베버는 사회학이라는 학문의 기초를 닦은 거장 가운데 한 사람입니다. 《프로테스탄트 윤리와 자본주의 정신》, 《지배의 사회학》, 《사회학의 기초 개념》, 《직업으로서의 정치》, 《이해 사회학의 카테고리》 등 사회학을 제대로 공부하려는 사람이라면 반드시 읽어야 하는 책을 집필했습니다. 저도 대학원생 때, 일본어 번역본뿐 아니라 독일어 원서를 읽으며 악전고투한 기억이 납니다.

방대하고도 심원한 베버 사회학의 전체를 여기서 언급할 수는

---

1   독일의 사회학자이자 사상가. 정치, 경제, 사회, 역사, 종교 및 문학에까지 조예가 깊었다. 19세기 후반 서구 사회과학의 발전에 크게 공헌했는데, 당시 그가 설정한 의제들은 현대 사회이론 및 사회과학방법론의 발전에 핵심적인 역할을 했다. 대표 저서로는 《프로테스탄트 윤리와 자본주의 정신》이 있다.

없지만, 그의 이론을 이해하기 위해 간단한 키워드를 소개하겠습니다. '주술로부터의 해방'과 '합리화'입니다. 주술이 무엇입니까? 근대 이전의 사회를 예로 들어보지요. 중국 고대 왕조에서는 점술가들이 거북의 등딱지를 불에 태워서 생긴 균열의 모양을 보고 점을 쳤습니다. 그들의 점술은 정치나 이민족과의 전쟁에 커다란 영향을 미쳤습니다. 하지만 왜 그런 점괘가 나왔는지는 점술가 본인만 알았습니다. 점술은 신기하고 초월적인 행위인 만큼 비합리적이었습니다. 그런데도 당시에는 정치 권력자부터 시정잡배에 이르기까지 모두가 그러한 행위를 한 치의 의심 없이 신봉했고, 자신들의 운명을 좌지우지할 중요한 길라잡이로 받아들였습니다.

사회가 근대로 옮아갈 무렵에야 사람들은 주술의 지배에서 해방되었습니다. 사회 곳곳에서 합리화의 분위기가 나타난 것입니다. 베버는 합리적 통치 시스템의 대표적인 예로 관료제를 들고, 분석했습니다. 관료제는 지금도 효율적인 시스템으로서 통치 체제와 기업 조직을 유지하는 데 활용됩니다.

베버는 '주술로부터의 해방'과 '합리화'를 통해 대체 무엇을 말하려 했을까요? 당시는 바야흐로 산업혁명 등에 의해 공업화, 산업화가 급속히 이루어지고, 사람들의 일상에 커다란 변화가 일어나고 있었습니다. 베버는 그 속에서 타인과 함께 살아가는 주체로서의 인간이 어떻게 하면 이치에 맞는 존재가 되는지, 왜 이치에 맞는 행위를 해야 하는지를 규정했습니다. 근대라는 사회를 살아가는 인간이 좋건 싫건 반드시 직면하게 되는 문제를 지적한 것이지요.

이번에는 사회학이 사회를 보는 기본 관점 가운데 '행위'에 관해 이야기하겠습니다. 베버는 '사회학은 행위의 과학'이라고 말했습니다. 행위는 심리학이나 행동과학에서 말하는 조건반사, 그러니까 '자극을 주면 일어나는 반응' 같은 '행동'이 아닙니다. 행위에는 항상 '주관적으로 사념한 의미'가 포함되어 있습니다. 다시 말해 우리는 자신이 한 일에 대해 언제나 뭔가 의미를 두며, 주위의 타인은 그 의미를 양해한 후에 또 다른 행위를 일으킵니다. 베버는 이를 '사회적 행위'라 불렀습니다. 그리고 사회적 행위를 '전통적 행위', '목적 합리적 행위', '가치 합리적 행위', '감정적 행위'라는 네 가지 유형으로 분류했습니다.

현대인의 필수 도구인 스마트폰을 예로 들어볼까요? 새로운 기종이 발매될 때마다 그 누구보다 먼저 사려고 기를 쓰는 사람들을 본 적이 있을 것입니다. 그들은 매장 앞에 장사진을 치고 기다리다가 발매 개시 시간이 되면 마치 전장의 승리자라도 된 양 주먹을 불끈 쥐고 매장으로 입장합니다. 점원들은 손뼉 치며 그들을 맞이하지요. TV에 자주 등장하는 장면입니다.

저는 그런 영상을 볼 때마다 저들이 대체 무엇 때문에 저리도 새 기종을 사려 하는지를 생각합니다. 현재 사용 중인 기종에 중대한 문제가 있거나 불편을 느끼기 때문에 그 문제를 해결하고 불편을 해소하기 위한 명확한 목적이 있어서 저리 앞다투어 신기종을 사는 것일까? 아니면 사용 중인 기종에 특별히 문제는 없지만, 새 기종이 나왔다는 것을 안 순간 사고 싶은 욕구를 참지 못해 앞뒤 가리지 않고 구매 자체에 가치를 부여하는 것일까?

베버의 유형에 맞추자면, 전자는 목적 합리적 행위이고 후자는 가치 합리적 행위입니다. 그런데 실제 행위에는 그 두 가지 측면이 모두 있고, 그 외의 다양한 의미도 포함되어 있습니다. 즉 유형이라는 것은 행위를 읽어내기 위해 알기 쉽게 단순화한 예이며, 실제 행위를 이해하기 위한 지침입니다.

저는 강의를 할 때 〈지붕 위의 바이올린〉[2]이라는 뮤지컬을 자주 활용합니다. 그 뮤지컬에 나오는 '트래디션(tradition)'이라는 명곡이 '전통적 행위'를 설명하는 데 요긴하기 때문입니다. 다섯 딸의 아버지가 사윗감을 고르는 과정에서 딸이 정말로 사랑하는 상대와 맺어지는 것이 행복이라고 깨닫게 되는 변화가 재미있습니다.

---

2   1964년 브로드웨이에서 초연한 뮤지컬 작품. 여러 차례 리바이벌되고 영화로도 만들어져 전 세계에서 사랑받은 걸작이다. 1905년 러시아의 유대인 거주지를 배경으로 하며, 삶의 양식이 변하면서 전통이 도전받게 된 현실을 인간 본연의 사랑으로 극복한다는 내용이다.

극 초반에 부르는 '트래디션'의 가사는 마을에서 살아가는 데 가장 중요한 것은 전통과 관습이라는 내용입니다. 묻지도 따지지도 않고 전통과 인습을 따르는 극 초반부의 주인공을 상징하지요. '전통적 행위'에는 이유가 없습니다. 전통을 지키고, 관습을 따르는 행위 자체가 중요할 뿐입니다.

'감정적 행위'에 관해서도 잠깐 언급하겠습니다. 베버는 '감정적 행위'를 행위 유형 중 마지막으로 꼽았습니다. 어찌 보면 잔여 항목으로 처리한 것 같은 느낌도 듭니다. 하지만 현대사회에서는 손님을 대할 때 어떻게 하면 이치에 맞게 '사회적으로' 감정을 제어할 수 있을지에 관해 직업 현장에서 어떤 철학으로 어떻게 대응해야 하는지가 사회학의 중요한 주제로 부상했습니다. 현대사회학에서는 '감정 노동', '감정의 사회학'이라는 개념이 정착되어 있습니다. 이 유형은 결코 비합리적인 잔여 항목이 아니고, 행위를 생각하는 데 매우 중요한 지침입니다.

베버는 행위를 분석할 때 '행위에 내재된 논리, 행위에 의미를 부여하는 이유'에 주목했습니다. 이때 '이유'는 행위를 하는 사람의 내부에서 완결되는 것이 아니고 타인, 사회와 연결되어 있을 때 비로소 가치가 생깁니다. 그런 의미에서 베버는 행위의 사회성에 주목했다고 할 수 있습니다.

사람과 사람 사이에 있는 것: '관계성'

게오르크 지멜(Georg Simmel, 1858~1918)[3]은 행위의 사회성에 주목한 베버와 달리 상호 행위에 초점을 맞추었습니다. 세상에는 정치, 경제, 가족 등 서로 다른 다양한 영역이 존재하는데, 각각 사회의 기능을 다하는 데는 고유의 '사회화 형식'이라는 것이 존재합니다. 지멜은 그 형식을 탐구하는 활동이 사회학이라고 생각했습니다. 사회학사에서는 그를 '형식 사회학'을 구상한 거장으로 평가합니다.

그런데 '형식'이라는 말이 아무래도 쉽게 이해되지 않을 것 같으니 표현을 좀 바꾸어보겠습니다. '사회는 상호 행위 속에서, 상

---

3   독일의 철학자이자 사회학자. '타인 이해' 문제를 주제화했고, '체험된 시간'에 대한 연구는 하이데거의 '시간성' 분석에 영향을 주었다. 저서로는 《화폐의 철학》, 《생의 직관》 등이 유명하다.

호 행위를 통해 이루어진다'고 말입니다. 개인 간의 관계성이나 상호 행위의 모습, 다시 말해 사람과 사람 사이에 생기는 미시적인 다양한 관계성을 역동적으로 파악하고 그 속에서 사회를 도출하는 방법이 지멜의 사회학입니다.

예를 들어 '두 사람 간의 상호 행위와 세 사람 이상의 상호 행위는 어떻게 다를까? 상위, 하위 같은 인간의 관계성, 투쟁, 고독, 비밀 같은 상태는 또 어떤 관계성일까?' 하는 식입니다. 지멜은 사람과 사람 사이에 나타나는 다양한 '형식'에 대해 끊임없이 사색했습니다. 예컨대 지배라는 현상도 권력자가 일방적으로 지배 행위를 하는 것이 아니라 늘 권력에 복종하는 사람들의 자발성과 협력성에 의한 상호 행위의 과정이라 생각했습니다. 즉 지배는 지배하는 쪽뿐 아니라 지배당하는 쪽이 무엇을 느끼고 어떻게 생각하며 행동하는지를 동시에 보아야 그 현상의 본질을 파악할 수 있다는 것입니다.

이처럼 사회 이해는 미시적인 상호 행위의 모습을 상세하게 읽어내는 데서부터 시작된다는 것이 지멜의 생각입니다. 사회는 우리의 일상을 초월한 곳에서 구성되는 동시에 평소 우리가 타인과 함께 살고 존재하는 '세부'에 깃들어 있다고 보는 것이지요. 이 같은 관점은 현대사회학의 미시적 사회 이론과 질적 연구의 기본이 되었습니다. 현대사회학은 사람과 사람 사이에 존재하는 '형식' 및 '관계성'을 읽어내는 활동이야말로 사회학적이라는 지멜의 사고방식에 크게 영향을 받았습니다.

저는 지멜의 이론을 접할 때마다 정신이 번쩍 듭니다. 베버나 나중에 기술할 뒤르켐은 현대사회의 '합리화' 양상을 이야기할 때, 사회를 유지하기 위해 질서와 도덕이 얼마나 중요한지를 이른바 직구 스타일로 주장했습니다. 그런데 지멜은 변화구나 느린 커브로 어느새 삼진을 먹이는, 뭐랄까 사람을 깔보는 것 같은 차가운 눈길을 느끼게 합니다. 물론 이런 점이야말로 지멜을 공부하면서 얻는 즐거운 경험입니다.

상호 행위를 상세하게 검토함으로써 사람과 사람 사이에 있는 '그 무언가'를 밝힌다는 것은 타인을 완벽하게 이해할 수 있다는, 또는 이해하고 싶다는 강한 욕구가 배후에 있기 때문일까요? 확실히 타인을 이해하려는 생각은 있겠지요. 하지만 타인에 대한 완벽한 이해는 애초에 불가능합니다. 게다가 타인을 완벽하게 이해하려는 지속적인 노력이 언제 어디서나 필요할까요? 그것은 과연 행복한 일일까요? 오히려 사람과 사람 사이의 거리 같은 것을 제대로 인식하고, 서로가 그 거리에 익숙해지는 관계성을 조용하고 은밀하게, 냉철한 시선으로 꿰뚫어 보는 행위가 더 사회학적이지 않을까요? 지극히 개인적 느낌일지도 모르지만, 저는 지멜이 바로 그런 점을 이야기하려 했다고 생각합니다.

지멜은 사회가 고도로 분화하고 화폐라는 매체가 일상을 지배함에 따라 인간소외는 피하기 어려우며, 일상이 될 것이라고 말했습니다. 쉽게 말해 가치나 삶의 목적이 모두 돈으로 환산되면서 인간이 '돈으로 환산할 수 없는' 가치나 목적이 무엇인지를 잃어버린 끝에 개인 또는 그들의 상호 행위가 '인간성'을 상실한다는 것이지요.

소외를 쉽게 설명하면 나라는 인간이 사람이 아니게 되는 것이며, 타인을 사람으로 간주하지 않아 타인과의 관계가 마치 도구 따위를 다루는 행위를 닮는 것입니다. 지멜은 이러한 소외는 개인의 심리, 인간관계, 사회집단, 생활양식, 문화 등 우리가 살아가는 세계 모든 곳에서 다차원적으로 생겨난다고 지적합니다.

잠시도 손에서 스마트폰을 놓지 않고 열심히 손가락을 놀리며 주위 사람이 무엇을 하는지 전혀 신경 쓰지 않는 모습, 앞사람과 어깨가 부딪치기 직전에야 겨우 피하는 모습이 지금 우리의 일상적인 광경입니다. 지멜이 타임머신을 타고 이 시대로 시간여행을 온다면 어떤 반응을 보일까요? 덩실덩실 춤을 추며 기뻐하지 않을까요? 스마트폰에 길든 우리의 지금 모습이 바로 소외의 전형적인 모습이니 말입니다. 아마도 그는 이런 우리를 보고 생활 전역에 침투한 소외의 양상을 더 잘 읽어낼 수 있겠다며 재미있어할 것이고, 그렇게 침투한 소외 속에서 인간이 어떻게 적응하고 새로운 '사회화 형식'을 창조할지를 고민할 것이라고 상상해봅니다.

지멜은 인간이 늘 '인간성, 인간다움'을 빼앗길 위험과 직면하며 살 수밖에 없다는 전제하에 위험을 생각했고, 위험과 맞서기 위해서는 어떤 관점을 지녀야 하는지를 가르쳐주었습니다. 그 첫 번째 관점이 바로 사람과 사람 사이에 있는 '거리'이며, 두 번째 관점은 거리의 의미를 이해하고 나면 더 재미있어지는 '관계성'입니다.

사회의 질서와 도덕에 대한 생각: '구조'

에밀 뒤르켐(Émile Durkheim, 1858~1917)[4]도 《사회 분업론》, 《사회학적 방법의 규칙들》, 《자살론》, 《종교 생활의 기본 형태》 등 많은 저서를 남긴 사회학의 거장 중 한 명입니다. 저도 대학원 생 때 사회학이라는 학문을 공부하기 위해 베버나 지멜의 책과 함께 그의 저서를 열심히 읽었습니다.

뒤르켐 사회학의 핵심은 '사회적 사실을 사물처럼 생각하고 다루라'는 방법적 주장입니다. 이를 어떻게 이해해야 할까요? 사회학적이라 부를 수 있는 다양한 현상들은 베버나 지멜이 지적했다시피 우리의 행위와 의식, 관계성 속에서 일어나 의미를 얻습니

---

[4] 프랑스의 사회학자로 사회학을 학문 분야로 발전시킨 거장. 막스 베버, 카를 마르크스와 함께 사회학적 상상력이 가장 풍부했던 인물로 평가받는다. 수많은 논문을 발표했고, 대표 저서로는 《자살론》, 《사회 분업론》 등이 있다.

다. 그런데 그것들을 행위나 관계성의 차원으로 환원하기만 하면 모든 것이 설명될까요? 뒤르켐은 그렇게 생각하지 않았습니다.

사회란, 우리의 주관적인 의미 세계에서 만들어지는 동시에 그 세계를 초월해 이른바 외부로부터 우리를 규제하고 질서라는 틀에 가두는 현실이기도 합니다. 이 같은 사회의 외재성을 '구조'라 부른다면, 뒤르켐은 '구조'라는 관점에서 사회를 파악하는 것이야말로 사회학의 기본이라 주장했습니다.

'구조'라는 관점에서 사회를 파악한다는 것이 무슨 말인지는 뒤르켐의 유명한 저서 《자살론》을 인용해 설명하겠습니다.

누군가 자살했다는 이야기를 들으면 우리는 먼저 그 동기에 관심을 보입니다. '그 사람은 왜 스스로 목숨을 끊었을까?'라고 궁금해합니다. 동기부터 생각하는 것은 자살의 원인이 당사자의 심리나 정신 상태에 있다고 생각하기 때문입니다. 물론 그 관점이 틀렸다고 볼 수는 없지만, 뒤르켐은 전혀 다른 관점에서 자살이라는 사회적 사실을 받아들였습니다.

자살에 대체 어떤 사회 상황이 관련되어 있는지를 따져보았지요. 개인의 심리나 정신 상태를 파고드는 것이 아니라 자살을 둘러싼 지역 통계나 역사적 통계 자료를 토대로 사회 상황과 자살의 관련성을 파헤친 것입니다.

뒤르켐이 내린 자살의 정의는 매우 독특합니다. 한 사람이 어떤 행위를 하면 자신이 죽는다는 것을 충분히 예상할 수 있는 상태에서, 실제로 그 행위를 한 결과, 그 사람이 죽음에 이르는 것을 자살이라고 정의했습니다. 이 정의에는 '죽고 싶다'는 개인의 의지나 심리는 포함되지 않습니다. 그래서 이 정의를 적용하면 우리가 상식적으로 생각하는 자살의 이미지뿐 아니라 사회에서 일어난 자살에 대해 더욱 넓게 이해할 수 있습니다.

다음 예를 보면 쉽게 이해될 것입니다. 잘 알려진 바와 같이, 태평양전쟁 말기에 일본군은 특공 전법을 썼습니다. 특공이란, 전투기에 편도 분량의 연료만 주입한 채 폭탄을 싣고 적진으로 날아가 적군의 전함이나 항공모함에 자신의 기체를 부딪치는 것을 말합니다. 특공은 병사를 무사 귀환시키겠다는 생각을 깡그리 저버린 필사의 전법입니다. 실제로 수많은 젊은이가 특공대라는 이름 아래 목숨을 잃었습니다. 특공대의 죽음은 뒤르켐의 정의에 비춰볼 때 여지없는 자살입니다. 특공대에 소속된 젊은이들의 생각과 감정은 다양했을 것입니다. 하지만 그들의 감정이나 의지, 마음의 상태와 무관하게 특공이라는 행위는 당사자에게 죽음을 초래했고, 그것은 자살이었습니다.

자살과 사회는 어떤 관계일까요? 뒤르켐은 자살의 유형을 몇 가지로 나누었습니다. 전문적인 개념은 빼고 개요만 살펴봅시다. 첫 번째 유형은 '상식을 벗어난 개인주의'입니다. 자신의 외부에 존재하는 사회와 연결되려 하지 않고, 사회와 거리를 두며, 극단적인 자기중심적 생활을 하면 할수록 사람은 사회와 유리되고, 그 결과 자살하기 쉽다고 보았습니다.

거꾸로 외부에 존재하는 사회가 인간에게 '사회만을 생각하고, 사회만을 위해서 살아라. 사회와 하나가 되라'고 강력히 요구할 때도 사람은 자살하기 쉽습니다. 특공대가 활약했던 당시의 일본, 군국주의적 천황제 사회였던 일본의 사회 상황이 바로 여기에 해당합니다. 전쟁 영화에 자주 등장하는 '국가를 위해', '천황 폐하를 위해' 같은 문구들은 사회가 개인에게 자살을 강요하는 상징적 표현이라 할 수 있습니다.

세 번째로 욕망이 통제되지 않아 무규제 상태가 됐을 때 사람은 자살하기 쉽습니다. 외부에 존재하는 사회의 도덕적 규제가 느슨하면 개인의 욕망은 끝없이 확대됩니다. 그리고 그 욕망에 제동이 걸리지 않아 점점 그 크기가 부풀어 오르면, 사람들은 정신적 안정을 잃고 삶에 대한 불안이 증폭됩니다.

다시 말해 개인이 주위를 돌아보지 않고 과도하게 자기중심적 삶을 살거나, 사회가 개인을 강압하거나, 사회의 도덕적 규제가 너무 느슨해도 자살이라는 현상이 일어나기 쉽다는 것입니다. 그래서 뒤르켐은 개인과 사회가 어떤 관계일 때 자살이 일어나기 어려운지를 알고자 했고, 그에 대한 해답으로 '적절한 질서가 있고 인간이 도덕적 존재로 살아갈 수 있는 사회'를 주장했습니다.

요컨대 뒤르켐은 사회학의 기본 주제로서 '구조'라는 관점을 통해 질서와 도덕을 고찰한 것입니다. 이렇게 사회를 '구조'라는 관점에서 보는 방법 또한 사회학의 기본이라는 것을 알아둡시다.

사회적 '나'로 살기: '자아'

조지 허버트 미드(George Herbert Mead, 1863~1931)[5]는 미국 시카고 대학에서 철학과 사회심리학을 가르쳤습니다. 당시의 시카고는 유럽에서 건너온 이주민과 일자리를 찾아 몰려든 노동자로 북적거렸습니다.

사람들은 다양한 인종과 민족이 한 도시에 모여 열심히 사는 모습을 보고 시카고를 '인종 전시장' 또는 '다양한 인종의 도가니'라 불렀습니다. 여러분은 여기서 말하는 '도가니'가 뭔지 아십니까? 사회학사 강의 중에 물어봐도 요즘은 모르는 학생이 더 많습니다. 도가니란, 과학 실험 따위를 할 때 여러 물질을 녹이는

---

5   미국의 사회심리학자. 정신과 자아에 관한 이론, 커뮤니케이션과 사회적 행위의 본질이 연구의 핵심이다. 저술보다는 구술 업적이 많아 《정신, 자아, 사회》, 《행위 철학》 등의 대표 서적은 사후에 제자들이 강의록을 편집해 펴낸 책이다.

데 쓰는 하얀 도기를 말합니다. 제가 어릴 때는 초등학교나 중학교에서 당연하게 사용하던 도구였습니다. 다양한 인종과 민족을 녹이는 그릇. 미드가 살았던 시카고가 바로 그런 모습이었습니다. 그래서 도시사회학의 원점인 시카고를 말할 때, '도가니'는 상징적 표현으로 사용됩니다.

언어, 생활습관, 문화가 하나부터 열까지 다 다른 사람들이 같은 동네에 살다 보면 당연히 각종 사회문제가 발생합니다. 그런 문제를 어떻게 바라보고, 어떻게 해결해야 할지에 관한 실천적 관심을 바탕으로 시카고 대학에 최초의 사회학부가 생겼습니다. 시카고 대학은 사회학이라는 이름으로 개별 문제를 구체적으로 조사했고, 질적 또는 양적인 경험 데이터를 수집해 분석하는 지적 실천의 토대를 창조했습니다.

미드도 사회학을 창조하는 데 큰 공헌을 했습니다. 여기서 제가 여러분께 설명하고 싶은 주제는 '사회적 자아'론입니다. 일상을 들여다보십시오. 다양한 차이를 지닌 사람이 넘쳐나고, 별의별 문제가 들끓습니다. 그 속에서 헤아릴 수 없이 많은 자극을 받으면서 인간은 어떻게 사회적 존재가 될까요? 미드는 타인의 태도를 내면화하는 '사회화'와, 'I'와 'me'의 역동적 관계 속에서 이루어지는 '자기 형성'이라는 과정을 통해 인간이 '사회적 존재'가 된다고 주장했습니다.

'I'는 '주체적 자아'로 번역되는데, 창발적이고 창조적인 행위의 원천으로서 나라는 인간에게 내재된 성질입니다. 한편 'me'는 '객체적 자아'로 번역되는데, 나라는 인간이 타인의 태도를 받아들이고 상황에 맞는 적절한 행위를 하기 위한 규범 같은 측면입니다. 미드는 'I'와 'me'가 끊임없이 역동적으로 교류해야 비로소 나라는 인간이 '사회적 자아'로서 무수한 타인 앞에 드러날 수 있다고 말합니다.

조금만 생각해보면 인간에게는 태어나서 죽을 때까지 누구나 피할 수 없는 단적인 사실이 있습니다. 그건 바로 타인과의 만남입니다. 부모님처럼 가장 친밀한 타인과의 만남부터 학교 친구, 동아리 친구, 같은 직장에서 일하는 동료, 콘서트나 이벤트 현장에서 함께 흥분하는 사람, 거리에서 스치는 사람, 늙고 병든 자신을 수발해주는 사람, 그리고 살아가는 동안 한 번도 만날 일 없는 무수한 타인 등 나라는 인간은 그야말로 수많은 타인과 다채로운 만남을 거듭하면서 성장하고, 사회화하고, 늙어갑니다.

그런데 실로 다양한 만남의 순간마다 타인의 태도를 받아들이고 기대되는 역할을 그 자리에서 판단해 적절하게 수행하며 관계를 잘 유지하는 일은 대단히 중요합니다. 그러한 만남을 잘해낼 수 있도록 도와주는 자기 계발서가 얼마나 잘 팔리는지만 봐도 그 중요성을 알 수 있지 않습니까?

미드의 자아론에서 제가 흥미롭게 여기는 점은 'I'라는 자아의 성질입니다. 미드의 설명을 읽어보아도 'me'에 비해 'I'는 정의하기가 어렵습니다. 그렇지만 사회 속에서 자아로서 살아가기 위해 우리 인간은 항상 새로운 무언가를 만들어낼 가능성을 품고 있습니다. 인간이 자아를 형성하고 자아로 살기 위해 새로운 것을 창조하는 힘이야말로 사회성을 지키는 것 이상으로 중요하다고 주장하는 미드의 생각만큼은 분명히 알 수 있습니다.

자아는 그저 사회성을 담기 위한 그릇이 아닙니다. 사회성을 어떻게 수용할지 검토할 줄 아는 인간 존재의 한 측면이지요. 또 자아는 사회성이 보이는 다양한 문제와 왜곡을 일단 수용한 뒤에 더 기분 좋은 사회성을 실현하기 위해서 그 알맹이를 수정하고 변혁하여 타인에게 새로운 형태를 보여주는 삶의 과정이 될 수도 있습니다. 자아의 창발성과 창조성에 관한 주장은 인간에게 사회와 일상을 비판하는 힘이 있다는 이야기를 할 때 매력적인 출발점이 됩니다.

'당연함'을 읽어내다: **'일상생활 세계'**

오스트리아 출생인 알프레드 쉬츠(Alfred Schütz, 1899~1959)[6]
는 제2차 세계대전 당시, 다른 수많은 지식인과 마찬가지로 나치
스의 박해를 피하고자 미국으로 망명했습니다. 미국에서 이방인
으로 살면서 그는 자신만의 독특한 사회윤리를 탄생시켰습니다.

지금도 저는 쉬츠의 저서를 처음 읽었을 때 느꼈던 충격과 두
근거림을 기억하고 있습니다. 원래 일상성이나 상식적인 것에 막
연한 관심이 있었지만, 그 전까지 읽었던 사회학자들의 이론에 따
르면 일상성이나 상식은 사회에서 일어나는 여러 현상이나 문제
를 사회학적으로 생각하기 위한 전제에 불과했습니다. 저는 이것

---

6   오스트리아와 미국의 철학자이자 사회학자, 사회학적 현상학의 창시자. 막스 베버의 사
     회학을 흡수하여 차세대 현상학적 사회학 연구자들을 육성하고, 현상학 운동의 국제적
     발전에 기여했다. 생전의 유일한 저서로 《사회적 세계의 의미 구성》이 있다.

으로는 무언가 부족하다는 생각을 했고, 앞으로 사회학을 공부하면서 기본으로 삼고 따를 수 있는 이론을 계속 찾아다녔습니다.

그러다가 만난 쉬츠의 이론은 일상성이나 상식이 사회학적 사고의 전제가 아니라고 주장하고 있었습니다. 오히려 일상성과 상식이 어떻게 만들어졌는지를 따지고 비판적으로 검토하는 것이야말로 사회학의 핵심 주제라고 명쾌하고도 설득력 있게 주장했지요. 쉬츠는 단언했습니다. 우리 인간은 '의미를 중시하는 존재'라고 말입니다. 우리의 활동은 자극을 주면 반응을 보이는 조건반사가 아니라 반드시 어떤 의미가 있다는 것입니다.

인간이 태어나는 세상은 백지상태가 아닙니다. 태어나는 순간 이미 선인들이 구축해놓은 의미투성이의 세상이 기다리고 있고, 인간은 누구나 그 속에서 성장합니다. 그리고 부모님, 형제 같은 가까운 존재부터 자주 어울리는 친구, 가끔 만나는 지인, 나아가 동시대를 살아가는 미지의 인물에 이르기까지 수많은 타인과 만나고 다양한 관계를 만들면서 새로운 의미로 세상을 채웁니다.

그렇다면 의미 가운데서 또 다른 의미를 만들어내는 우리 인간의 활동은 대체 어디에서 이루어질까요? 평소에는 누구나가 '당연한 사실'로 여기며 돌아보려 하지 않는 바로 일상생활의 세계(이후 '일상생활 세계'라 부르겠습니다)입니다. 그리고 의미는 그 일상생활 세계의 상식적 지식으로 존재합니다.

물론 쉬츠는 일상생활 세계의 구성에 관해 더 자세히 설명했습니다. 하지만 여기서는 쉬츠가 사회학의 중요 탐구 주제로 '일상생활 세계'를 발견해냈다는 점 정도만 강조하겠습니다.

　이 세계는 나라는 인간 존재를 중심으로 해서 공간적, 시간적 위상을 바꾸어가며 이루어집니다. 그리고 그 세계의 영점이자, 의미를 중시하는 나의 존재를 확인할 수 있는 원점이 바로 '지금, 여기'입니다.

　'지금, 여기'에서 나는 가장 농밀한 형태로 타인과 만날 수 있습니다. 눈앞에 있는 타인이 하는 말의 내용뿐 아니라 말 한 마디 한 마디, 작은 몸짓이나 표정의 변화, 사소한 행동거지 등 신체를 둘러싼 풍부한 정보를 깨닫지요. 대면하는 타인을 신체적 존재 그대로 '당신'으로 이해할 수 있는 것입니다. 또 '지금, 여기'는 타인과의 교신을 둘러싼 다양한 오해와 편견, 왜곡을 직접적 대거리를 통해 수정할 수 있다는 의미에서도 커뮤니케이션 및 타인 이해의 원점이라 할 수 있습니다.

　그리고 그 원점으로부터 나와 당신의 세계, 나와 그들의 세계, 나와 동시대 사람들의 세계, 나와 선인들의 세계, 나와 미래를 살아갈 사람들의 세계가 동심구처럼 펼쳐지지요. 하지만 다음 장에서 서술하는 바와 같이, 현대사회 속에서 우리의 일상은 크게 변하고 있습니다.

인터넷과 스마트폰이라는 정보혁명이 초래한 크나큰 영향이 그 원인입니다. 당연한 이야기지만, 쉬츠가 살던 시대에는 이런 혁명적인 정보 환경이나 도구가 없었습니다. 그래서 '지금, 여기'처럼 눈앞에 신체가 나타날 수 있는 가장 농밀한 순간을 영점으로 생각했고, 그런 순간들이 타인과 만나고 의미를 중시하는 우리의 일상생활 세계를 구성한다고 주장했을 것입니다. 아날로그 세대인 저는 '살아 있는 신체'의 직접적 만남이야말로 커뮤니케이션의 원점이라는 믿음을 소박하게 유지해왔기 때문에 쉬츠의 주장과 이론에 공감할 수 있었습니다.

그럼 스마트폰을 신체 일부로 삼아 정보를 접하고, 그런 의미에서 일상생활 세계가 무한대로 확장 중인 일상을 살아가는 우리에게 이러한 소박한 믿음은 사라지고 없는 걸까요? 아니면 '지금, 여기'에서 이루어지는 '당신'과의 가장 농밀한 만남, 교신이야말로 원점이라고 하는 믿음이 지금도 의미 있는 '당연지사'일까요?

'일상생활 세계'라는 주제의 발견. '지금, 여기'라는 커뮤니케이션 및 타인 이해의 원점. 저는 이런 것들이 우리의 일상성을 향한 사회학적 여행을 떠나는 데 있어 여전히 중요한 판단의 틀, 즉 '준거 기준'이라고 생각합니다.

우리는 모두 '사회학자'다: '사람들의 방법'

일상성에 주목하고 싶었던 저에게 쉬츠의 이론은 매력적이었습니다. 그런데 공부를 할수록 뭔가 부족함도 느꼈습니다. 쉬츠는 분명 일상생활 세계를 사회학의 주제로 삼았지만, 동시에 우리가 살아가는 사회 전체를 이론적으로 분석하고 모델을 만드는 데 관심이 있었기 때문입니다. 그것이 문제라는 얘기는 아닙니다. 다만 저는 일상성과 상식을 사회 이론으로 이론화하기보다는 경험적으로 조사해보고 싶었습니다.

우리는 일상성을 어떻게 '당연시' 하며 살아갈까? 상식으로 인정되는 것들은 어떻게 '상식'으로 유지되거나 변혁될까? 또 '당연함'에는 필수적인 부분과 그렇지 않은 부분이 있지 않을까? 그렇지 않은 부분이 있다면 타인과 함께 일상을 살아가면서 왜곡이나 편견은 어떻게 해서 나타나는 것일까? …… 이런 의문에 대해 곰곰이 생각하던 중, 해럴드 가핑클(Harold Garfinkel, 1917~2011)[7]의 민속방법론(ethnomethodology)을 알게 되었습니다.

요즘은 사회학의 기본 텍스트에 가핑클의 방법론이 반드시 소개되지만, 제가 대학원생일 때는 일본어로 소개된 사례가 적었습니다. 일본 사회학자들이 선호하는 이론적, 방법론적 검토만 득세했지요. 민속방법론이 경험적 조사를 통해 무엇을 밝혀냈는지는 도통 알 길이 없었습니다. 그래서 할 수 없이 동료 여러 명과 힘을 모아 난해한 영어 서적을 탐독하기 시작했습니다. 그 결과, 민속방법론이 경험적으로 밝혀낸 지견이 얼마나 재미있었는지 저는 금세 사회와 인간에 대한 그 독특한 관점에 푹 빠져들었습니다.

그렇다면 대체 민속방법론이란 무엇일까요? 새로운 사회학적 접근을 지칭하기 위해 가핑클이 만든 신조어인데, 제 나름대로 설명을 하면 이렇습니다. 인종과 민족 등 다양한 '차이'가 있는 사람들이 타인과 함께 다양한 현실을 '의미 있는 것'으로 만들고 유지하고 바꾸어갈 때 사용하는 사람들의 방법(ethnomethods)을 사회학적으로 탐구하는 이론이라고 말입니다.

멍하게 아무것도 안 하면서 일상을 사는 사람은 없습니다. 늘

---

7   미국의 사회학자. 쉬츠의 영향하에 민속방법론을 제창했다. 저서로《민속방법론 연구》가 있다.

어떤 상황에서도 그 현실이 자신에게 '의미 있고', '적절'하도록 다양하게 방법을 구사하고 실천하며 살지요. 예를 들어 저는 집에서 아무것도 하지 않으면서 '아버지로 존재하는' 것이 아니라 항상 무언가 다양한 활동을 계속함으로써 비로소 '아버지라는 역할을 하고' 있습니다.

학생들이 '사람들의 방법'을 실감하도록 돕기 위해 저는 강의 중에 자주 이렇게 묻습니다. "나는 왜 강의 중에 너희에게 계속 이야기할 수 있는 걸까?" 사실 이 질문은 표현이 부정확합니다. '왜'가 아니라 '어째서' 내가 계속 이야기할 수 있느냐고 물어야 합니다. 그러나 처음부터 그렇게 물으면 제가 무슨 이야기를 하려는지 다 들통이 나기 때문에 '왜'라고 묻습니다.

학생들은 '이 교수가 무슨 바보 같은 소리를 하나?' 하는 표정을 짓습니다. 대답할 생각도 하지 않지요. 그래도 성실한 학생들은 '지금은 대학의 강의 시간이고, 당신은 교수이기 때문'이라는 취지의 답을 해줍니다. 흠잡을 데 없는 답이지요. 틀린 답이 아니라는 점을 확인한 뒤에 저는 다시 한번 질문을 던지고, 이번에는 직접 답을 합니다. "내가 계속 이야기할 수 있는 건 여러분이 들어주기 때문입니다." 그리고 다음과 같은 내용으로 수업을 진행합니다.

"듣는 행위는 구체적으로 무언가를 하면서 자신이 지금 어떻게 듣는지를 상대에게 끊임없이 드러내는 행위입니다. 가령 내가 이야기를 하고 있고 그 이야기가 재미있어서 집중된다면, 여러분의 자세는 나를 향하게 될 것입니다. 또 여러분은 적절하게 고개를 끄덕일 것이고, 이해한다는 표정을 짓겠지요. 잘 모르겠다고 고개를 약간 갸우뚱거리기도 할 겁니다. 저는 그런 사소한 몸짓이나 표정을 그 자리에서 바로 확인함으로써 여러분이 '들어준다'는 사실을 알게 되고, 그 결과로 이야기를 계속할 수 있습니다.

다시 말해 나는 일방적으로 정보를 전달하는 것이 아니라 항상 여러분과 교신하면서 이야기합니다. 그런 의미에서 보면 강의라는 행위도 나와 여러분이 서로 '방법'을 구사하는 고도의 상호 행위임을 알겠지요? 여러분이 '듣고 있다'는 것을 구체적으로 지속해서 표시해주기 때문에 나는 이야기를 계속할 수 있는 겁니다. 의식하지 못하겠지만, 여러분에게는 내 강의를 듣는 '방법'이 있습니다. 여러분은 바로 그 각자의 방법으로 지금 여기에서 강의를 듣고 있습니다. 열심히 듣는 방법도 있고, 들으면서 다른 짓을 하는 방법도 있겠으며, 교실 뒤에서 다른 사람에게 방해가 되지 않도록 조심하면서 잡담하는 방법도 있습니다. 그런 '방법'을 조사해서 우리의 '당연함'을 읽어내는 행위가 민속방법론입니다."

그리고 그 '방법'은 우리가 다양한 모습으로 일상을 살아가면서 자신의 경험과 규범, 세상 사람들이 구사하는 온갖 처세술 등과 자신의 현실, 자신과 타인의 연결 고리를 비교함으로써 만들어집니다. 그 비교야말로 사회학적으로 해석하고 생각하는 활동입니다. 이런 식으로 보면, 사회학자는 사회학이란 학문을 전문적으로 공부하고 그것을 토대로 연구에만 몰두하는 존재를 가리키는 말이 아닙니다. '방법'을 구사해서 현실을 잘 살아가는 우리 모두가 사회학자, 그것도 '실천적 사회학자(the practical sociologist)'인 것입니다.

이렇게 해서 사회학을 대표하는 학자들이 주장했던 여섯 가지 관점, 즉 '행위', '관계성', '구조', '자아', '일상생활 세계', '사람들의 방법'을 살펴보았습니다. 물론 이것들이 사회학적 관점의 전부라고 억지 부릴 생각은 털끝만큼도 없습니다. 다만 일상성이라는 '당연함'에 주목하는 사회학 여행을 준비하는 과정으로는 충분하다고 봅니다.

자, 그럼 슬슬 강의실을 빠져나가 볼까요? 이번 사회학 여행에서는 일상성을 눈여겨보시기 바랍니다.

제2장

일상성이라는 보석 상자

지고(至高)의 현실인
일상생활 세계

우리가 평소 사는 곳은 어디입니까? 질문을 바꾸지요. 우리는 평소 어디에 의지해 살아갑니까?

1장에 소개했던 알프레드 쉬츠는 사회학의 중심 주제로 일상생활 세계를 꼽았고, 그 세계를 '지고의 현실(the paramount reality)'이라고 불렀습니다. 지고라는 것은 '더할 나위 없이 뛰어난, 최고의'라는 뜻입니다. 그러면 어째서 일상생활 세계가 지고하다는 걸까요? 생각해봅시다.

우선, 일상생활 세계는 우리가 태어나서 죽을 때까지 의지하는 현실이기 때문입니다. 현실은 양과 질 모든 면에서 그 무엇과도 비교할 수 없습니다. 게다가 일상생활 세계는 우리가 평소 다양하고 이질적인 현실과 마주하며 살다가 마지막 순간에 돌아갈 수 있는 안정적이고 기본적인 현실입니다.

지금이야 인터넷 게임이 세상을 평정했지만, 인터넷이 없었던 1980년대와 1990년대, 우리는 각종 가정용 TV 게임기를 통해 게임의 세계를 맛보았습니다. 아들, 딸의 성화에 저도 온갖 게임 소프트를 사들였는데, 솔직히 말해 당시에는 저도 게임에 푹 빠져 지냈습니다. 특히 게임 제조사 닌텐도(任天堂)의 '마더(MOTHER) 시리즈'는 걸작이었습니다. 그 독특한 세계관과 캐릭터에 매료되어 TV 앞에 진을 치고 살았던 기억이 납니다. 마더 2를 할 때는 잡다한 세상사를 다 잊고 일상생활을 벗어나 게임 속 세계에 몰입했고, 각 단계를 클리어하려고 필사적으로 매달렸습니다.

하지만 어느 한 단계를 클리어하고 일단락 짓는 순간이 오면 일상생활 세계로 돌아오기 위해 '슬슬 마무리할까? 내일 수업 준비도 해야지'라는 생각이 들었습니다. 이른바 게임의 세계라는 가공의 현실로부터 일상생활 세계로 귀환하는 순간이었습니다.

얼마 전 연극 연출가 정의신(鄭義信)[8]의 〈야키니쿠 드래곤〉이라는 작품을 보러 갔을 때도 같은 경험을 했습니다. 〈야키니쿠 드래곤〉은 오사카(大阪)에서 만국박람회가 열렸던 1970년, 고도 경제 성장의 그늘이 나타나기 시작한 무렵을 배경으로 재일 코리안 가

---

8 1957년생 연극 연출가. 일본 효고현(兵庫県) 출생, 국적은 한국. 1983년에 연극 입문. 1987년 극단 신주쿠 양산박의 창립 멤버 겸 전속 작가로 활동. 1996년 신주쿠 양산박 탈퇴. 현재는 한일 양국을 오가며 영화, 연극 작업에 몰두 중이다. 〈야키니쿠 드래곤〉으로 2009년 요미우리 연극상 대상을 수상하는 등 많은 수상 경력이 있다.

족이 살아가는 모습을 그린 수작입니다. 저는 오사카에서 태어나 그 무렵, 그곳에서 초등학교와 중학교를 다니던 제 어린 시절이 떠올랐습니다. 그 시절 TV에 자주 나오던 코미디 스타일도 많이 등장했습니다. 이런저런 생각을 하며 과거로 빠져들기에 충분했지요.

비상등까지 모두 꺼진 시커먼 홀. 눈앞 무대에서 펼쳐지는 현실과 약간 떨어진 곳에서 그것을 바라보는 나. 저는 연극적 현실에 완전히 동화되었습니다. 세 시간이 지나자 연극이 끝났습니다. 훌륭한 작품에 감동한 관객의 뜨거운 성원에 배우들은 몇 번이나 커튼콜을 했습니다. 그러는 사이, 장내에 조명이 들어왔고 홀이 밝아졌습니다. 사람들은 약속이라도 한 것처럼 삼삼오오 자리에서 일어나더니 홀을 빠져나갔습니다. 저도 일어섰습니다. 그 순간 제 머릿속에 이런 생각이 떠올랐습니다. '오늘 저녁밥은 어쩌지? 딸아이는 아르바이트 때문에 늦는다고 했는데, 들어가서 밥 준비하기는 귀찮으니 슈퍼마켓에서 반찬이라도 사서 들어갈까?' 연극적 현실이라는 비일상 속에서 감동에 젖어 있던 제가 일상생활 세계로 되돌아가는 순간이었습니다.

'지금, 여기'에서
'살아 있는 타인'과 만날 가능성

일상생활 세계는 '살아 있는 존재'로서의 타인과 직접 만날 수 있다는 의미에서 그 무엇과도 비교할 수 없는 엄중한 현실입니다. '지금, 여기'에는 목소리를 듣고, 행동을 보며, 정서를 느끼고, 상태를 통째로 이해할 수 있는 구체적 신체로서의 타인과 만나고 교신할 가능성이 넘쳐나니까 말입니다. 또 타인과 만나거나 교신할 수 있으니 항상 새로운 관계성이나 의미를 창조할 가능성이 넘친다고도 할 수 있습니다.

이런 예를 들어봅시다. 대학의 추천 전형이나 회사 입사 시험에는 면접이 있지 않습니까? 고작 10분 또는 15분이라는 한정된 시간에 눈앞에 앉은 수험생에게 질문을 던지고, 대답하는 모습을 보면서 무엇을 알 수 있을까요? 회사 면접이라면 인품이나 상식 등 기업에 필요한 자질과 능력을 확인하는 중요한 기회라고 이해할 수도 있습니다.

하지만 대학 입시의 현실에서는 더 느슨하고 막연한 기준 또는 감각에 따라 평가와 판단이 내려질 수 있습니다. 우리 교수들은 먼저 "왜 이 학과에 지원했습니까? 이유를 말해보세요"라고 질문합니다. 대학 안내에 나와 있는 문구 등을 열심히 외워 준비한 수험생은 망설임 없이 판에 박힌 듯한 대답을 읊습니다. 우리는 '또야?'라는 생각을 하면서도 그 학생의 대답이 끝날 때까지 기다립니다. 그런 다음 "잘 알겠습니다. 그런데 왜 사회학을 공부하려는 거지요?"라는 질문을 던집니다. 거기에서 차이가 드러납니다. 사회학을 공부하고 싶은 이유를 열심히 자기식 표현으로 설명하는 학생도 있고, 당혹감을 보이면서 무슨 이야기를 더 해야 할지 몰라 머뭇거리는 학생도 있습니다.

수험생이 미리 준비해 온 내용을 다 말했다 싶으면 다시 질문을 던져 비로소 눈앞에 있는 학생과 '지금, 여기'에서 정면으로 마주한 느낌을 받는 것입니다. 추천 입시에서 면접을 잘 보는 비결을 소개하려는 것이 아닙니다. 학력을 판정하는 시험 외에 우리가 왜 면접이라는 시험을 또 보는지 말하고 싶어서입니다. 우리가 면접을 보는 것은 설사 제한된 시간일지라도 '지금, 여기'에서 '살아 있는 타인'과 마주 보아야 제대로 된 커뮤니케이션을 할 수 있다는 믿음이 있기 때문입니다. 우리는 '지금, 여기'라는 현재의 순간에 '살아 있는 타인'과의 만남을 통해 중요한 의의를 찾습니다. 그리고 일상생활 세계야말로 '지금, 여기'에서 '살아 있는 타인'과 만날 기회가 넘치는 곳입니다.

하지만 그렇다고 해서 쉬지 않고 '지금, 여기'에서 '살아 있는 타인'과 만나고 연결되고 싶다고 생각한다면 그 또한 얼마나 힘든 일이겠습니까? 그래서 '지고'에는 '두말할 것도 없는', '당연한'이라는 또 하나의 중요한 의미가 들어 있습니다.

'유형'으로서 타인을 이해하기

일상생활 세계에는 새로운 관계성과 의미를 만들어낼 가능성이 상존하지만, 사실 일상생활 세계는 대부분 판에 박힌 듯한 타인 이해법, 교신법으로 구성됩니다. 우리는 바로 이 루틴(늘 변함없이 같은 모습이라 한없이 지루한 반복 작업)을 거의 무의식적으로 거침없이 해냄으로써 '당연하게' 살아갈 수 있습니다.

시부야(渋谷) 역 앞에 있는 거대한 대각선 횡단보도를 떠올려보십시오. 이 횡단보도는 세계에서 가장 붐비는 횡단보도로 유명합니다. 눈앞으로 밀려드는 수많은 사람 사이를 지나며 횡단보도를 건너는 당신은 어떻게 행동합니까? 패션 감각이 뛰어난 사람, 차림새가 기발한 사람을 보면 무심코 눈길이 가겠지요. 아는 사람을 만나면 말을 걸기도 할 것입니다. 하지만 대부분은 그저 횡단보도를 건너는 생판 남입니다. 그렇기 때문에 바삐 지나가는 사람들을 과도하게 쳐다볼 일이 없습니다. 말도 걸지 않습니다. 다만 부딪치지 않도록 주의하면서 타인의 무리를 무심하고도 능숙하게 빠져나갈 뿐입니다.

당연한 이야기를 뭘 하려 하느냐고 생각할지도 모르겠습니다. 그런데 왜, 어째서 우리가 생판 모르는 남과 함께 횡단보도를 거침없이 건널 수 있는지를 상세하게 되짚어보면 우리가 평소에 일상생활 세계를 어떻게 인식하며 사는지를 알 수 있습니다. 그런 의미에서 이것은 아주 중요한 예입니다.

쉬츠의 이론을 원용하면, 횡단보도를 건널 때 우리는 타인에 대해 '나처럼 길을 건너려는 사람' 이상으로 쓸데없는 의미를 부여해 받아들일 필요가 없습니다. 다시 말해 주위의 타인에게 어떤 차이나 특징이 있다 하더라도, 그들을 '길을 건널 사람' 이상이나 이하로 인식할 필요 없이 그저 내 앞에 '길을 건널 사람'으로 나타난다고 보면 됩니다. 설명이 매우 장황해졌습니다만, 쉬츠는 이러한 일상적인 타인 인식을 '유형적' 이해라 불렀습니다. 만원 전철 속에서 신체를 서로 맞댄 상태에서도 열심히 스마트폰을 만지는 타인은 '승객', 플랫폼에 서서 안내를 하는 사람은 '역무원'이라 이해하면 그것으로 그 상황에 대한 이해가 충분하다는 뜻입니다. 이제 이해가 됩니까?

우리는 평소 일상생활 세계에서 타인을 '유형'으로 이해하기 위한 다양한 실천적 지식을 구사하며 살아갑니다.

그 지식 안에는 그저 눈앞의 타인을 이해하기 위한 것뿐 아니라, 각 상황에서 내가 타인에게 어떻게 행동해야 하는지 타인과의 관계 형성법이나 교신법 등의 지식, 쉽게 말해 각 상황에서 적절하게 행동하기 위한 '처방전'으로서의 내용도 포함되어 있습니다. 그리고 그런 처방적 지식은 넓게 말하면 가핑클이 말한 '사람들의 방법'으로 실천할 때 비로소 의미가 있습니다.

일상생활 세계에는 우리가 가족이나 친구 등 친한 사람뿐 아니라 수많은 타인 속에서 살기 위한 엄청난 양과 질의 '유형적' 지식, '처방전'으로서의 지식이 숨어 있습니다. 그리고 우리는 가정이나 학교에서 가족 및 친구와의 소통을 통해 이러한 실천적 지식을 익힘으로써 일상을 문제없이 살아갑니다. 이렇게도 표현할 수 있습니다. 유형적 지식과 처방전으로서의 실천적 지식을 익힌 덕에 우리는 더는 반성할 필요가 없는 현실, '당연'한 현실로서의 일상을 살아간다고 말입니다.

이렇게 생각하면 우리가 사회 및 타인과 어떻게 관계를 맺고 어떻게 이어져 있는지를 돌아보고 고찰하고자 할 때, 온갖 개념이나 논리를 만들고 이른바 일상에 '외부'를 끌어들여 설명하는 것보다 일상생활 세계를 구성하는 다양한 '당연함'에 초점을 맞추는 편이 훨씬 중요하다는 것을 알 수 있습니다. 그럼 일상생활 세계 속에서 우리가 현실을 이해하고 타인을 이해하는 방법을 사회학적으로는 어떻게 분석할 수 있을지 살펴보겠습니다.

이방인의 시선으로 일상성 바라보기

일상생활 세계를 사회학의 주제로 삼아야 한다고 주장한 쉬츠는 1장에서도 소개한 바와 같이 오스트리아에서 태어나 제2차 세계대전 당시 나치스의 박해를 피해 미국으로 망명한 지식인이었습니다. 그는 왜 일상성에 주목했을까요? 그는 대학이라는 상아탑에 틀어박혀 연구만 한 인물이 아니었습니다. 낮에는 은행원으로 일하고 밤이 되면 대학에서 연구와 교육에 매진한 독특한 커리어의 소유자였지요. 그의 학문적 활동과 개인사를 상세히 밝힌 자료가 많으니 자세히 알고 싶은 분은 그런 자료를 구해 보면 되겠습니다. 그의 인생을 아는 저로서는 그가 예리하고도 따뜻한 '이방인의 시선'으로 세상을 보았기 때문에 일상성이라는 보석 상자를 발견했고, 그 재미있는 내용을 우리에게 알려줄 수 있었다고 생각합니다.

이방인의 시선이란, 우리가 타인과 함께 구축해서 살아가는 다양한 일상이라는 현실을 '놀라움의 눈'으로 다시 보는 힘이라 할 수 있습니다. 해외여행자도 한정된 기간이기는 하지만 이방인이 될 수 있습니다.

얼마 전 저는 말레이시아의 수도 쿠알라룸푸르와 믈라카를 여행했습니다. 한낮 기온이 섭씨 35도, 습도는 70~80% 이상이었습니다. 오후에 스콜이 내리면 상쾌하기는커녕 습도만 100%를 기록하는 통에 몸은 완전히 녹초가 되었지만, 즐거운 놀라움이 가득한 여행이었습니다.

쿠알라룸푸르의 한복판에는 모노레일이 달립니다. 그 좁은 차량에 말레이계, 중국계, 인도계 그리고 저 같은 외국인 관광객이 함께 탔습니다. 둘러보면 복장과 외모가 다르고 언어도 다 달랐습니다. 주말이 되면 북적거리는 쇼핑센터 몰에도 다양한 차이를 보이는 사람들이 오갔습니다. 그야말로 다민족, 다문화 사회의 일상이었습니다. 길에도 한편에 중국 사원이 있으면 그 옆으로 이슬람교의 모스크가 보였으며, 반대편에는 현란하게 채색한 힌두교 사원이 자리 잡고 있었습니다. 사람들은 각자가 믿는 종교의 사원을 찾아갔습니다.

이 같은 일상의 분위기를 접하고 나니, 평소 이런 데서 살면 확실히 세상에 대한 생각이나 시선이 다르겠다는 생각이 강하게 들었습니다. TV에서는 매일 정부가 내보내는 '말레이시아는 하나다'라는 광고가 흘러나왔습니다. 민족, 문화, 언어 등 다종다양한 차이가 있는 사람들이 '지금, 여기'에 함께 살기 때문에 말레이시아에서는 하나의 국가라는 주장이 더욱 중요하게 작용하고 있었습니다. 다채로운 가치관이 살아 있고 그 다양성을 인정한 상태에서 끊임없이 통일을 주장하는 말레이시아의 일상을 생각하면, 일본 민족이야말로 우수하다는 주장이나 재일 코리안 등을 배척하는 헤이트 스피치(혐오 발언), 편협한 내셔널리즘이 한없이 시시하고 어리석게 느껴집니다.

어느 날은 말레이시아에서 파안대소한 일이 있었습니다. 현지 언어를 모르는 이방인, 저 같은 관광객도 웃을 수 있는 놀라운 경험이었습니다. 믈라카에서 그 지역의 역사, 문화를 전시한 스타더이스(Stadthuys, 역사·민족박물관)에 갔을 때 발견한 표지판 때문이었습니다. 더는 참을 수 없어 급히 화장실로 뛰어가는 이의 감정을 너무나도 직접적으로 표현한 표지판을 본 사람은 누구나 웃음을 터뜨렸습니다.

화장실이라는 정보만을 알리는 단순한 표지판을 설치할 수도 있었을 텐데, 보는 이를 무방비로 웃게 만드는 유머 감각을 발휘한 것이었습니다. 저는 바

로 그 유머 감각을 통해 서로의 다양성을 인정하는 말레이시아의 일상 속 여유 같은 것을 느꼈습니다.

'당연함'에 놀라고 '당연함'을 의심하기

이방인의 시선으로 주위를 둘러보면 외국에 가지 않고도 일상생활과 현실 속 다양한 부분에 '놀랄' 수 있습니다.

저는 대학으로 출근하는 전철 안에서 매일 놀랍니다. 통근, 통학하는 인파로 미어터지는 전철에서 사람들은 대부분 말없이 스마트폰 화면에 시선을 고정하고 손가락만 바삐 움직입니다. 그 광경이 보여주는 희한한 '획일성'이 놀랍습니다. 물론 스마트폰이 문제라고 말할 의도는 없습니다. 그것 또한 우리가 평소 '당연'하게 전철을 타는 데 중요한 실천적 지식이라 할 수 있으니 말입니다. 다만 좁은 열차 안에서 설 자리를 정하자마자 주변 사람에 대한 관심을 완전히 차단한 채 일제히 '스마트폰 장벽' 속으로 빠져드는 모습은 제게 늘 놀라움을 안깁니다.

과거에는 신문을 4분의 1 또는 8분의 1로 접어 코앞에 갖다 대고 읽거나 주간 만화 잡지를 말아 쥐고 보는 사람이 많았습니다. 신문이나 잡지를 읽는 모습과 스마트폰에 몰입하는 모습은 똑같은 현상일까요, 아니면 전혀 이질적인 일상일까요? 혼잡한 차 안에서 자신이 보고 싶은 것을 보는 상황은 언뜻 똑같아 보이지만, 저는 이 두 광경의 의미가 상당히 다르다고 생각합니다.

신문이나 잡지는 신체가 서로 부딪칠 만큼 혼잡한 차 안에서 예의를 지키기 위해 의례적으로 공간을 띄우고, 신체를 부딪칠 수도 있는 이에게 특별한 흥미나 관심이 없다는 것을 나타내기 위해 거리를 유지하는 중요한 도구라 할 수 있습니다. 또 신문이나 잡지를 읽는 동안에는 주위의 소리, 사람들의 자세나 움직임 같은 세밀한 상황을 파악할 수 있습니다. 그런 의미에서 이들 도구는 그것에 눈길을 주고 있다 하더라도 항상 주변의 타인을 배려하는 데 쓰입니다. 자기 주위에 장벽을 치는 도구가 아니라 주변의 타인과 이어지기 위한 도구인 셈입니다.

그와는 달리 현재의 우리는 스마트폰을 이용해 혼잡한 차 안에 있으면서도 거기에 없는 타인과 교신하거나 게임을 즐깁니다. 다시 말해 스마트폰은 '지금, 여기'에서 전혀 이질적인 현실로 순식간에 도약하는 놀라운 매체입니다. 나아가 스마트폰은 신문이나 잡지보다 작고 가벼우며, 주위에 폐를 끼치지 않고도 혼잡한 차 안에서 사용하기가 쉽습니다. 이어폰이나 헤드폰을 끼고 주변에서 나는 소리를 차단하며 시선을 스마트폰 화면에 고정할 때 우리의 마음과 관심은 '지금, 여기'에 없습니다. 스마트폰은 자유자재로 다양한 현실로 이동할 수는 있지만, 신문이나 잡지처럼 '지금, 여기'에서 의례적으로 주변에 무관심을 표하고 거리를 두기 위한 도구는 아닌 것입니다.

혼잡한 차 안에서 볼 수 있는 두 가지 광경. 하나는 신문이나 잡지를 읽으면서도 항상 주변의 타인에게 의례적으로 무관심을 표하고, 비록 신체가 밀착된 상태라도 안심할 수 있는 거리를 두고 있다는 것을 알려주는 질서가 '지금, 여기'에서 만들어지고 유지되는 공간입니다. 그리고 또 하나는 각자가 스마트폰에 몰입함으로써 몸은 '지금, 여기'에 있지만 개별적 현실로의 도약을 즐기는 공간입니다. 단, 이 공간은 의례적으로 무관심을 가장함으로써 항상 타인이 안심할 수 있는 거리를 만들려는 배려심이 아니라 처음부터 주변 타인에 대한 관심이 없기 때문에 안심할 수 있는 거리를 유지하려는 작은 실천조차 게을리하는 사람들로 넘치는 공간입니다.

이렇게 해서 출퇴근으로 혼잡한 차 안, 그 당연하고도 일상적인 광경을 상세히 들여다보았습니다. '타인과의 연결 고리'를 생각할 때 다시 한번 짚어볼 만한 흥미로운 문제라는 생각이 들었을 것입니다.

우리가 아무렇지도 않게 보고 지나치는 일상의 광경, 수없이 반복되는 TV 광고, 속절없이 눈물 흘리게 만드는 영화나 드라마, 한 가지 패턴의 문구와 몸짓을 끊임없이 보여주며 반강제로 웃음을 강요하는 개그맨들의 토크쇼, 다양한 사건을 전하고 일상에 위기감을 조장하는 와이드 쇼와 잡지 보도……. 일상생활 세계에 의미를 부여하는 무수한 당연한 광경 속에는 우리가 일상생활 세계를 세밀하게 되돌아보고 재조명할 수 있는 계기로 가득합니다.

그리고 그 계기를 알아채려면 당연함을 그저 멍하니 받아들이고 편안하게 여겨서는 안 됩니다. 눈앞의 광경이나 상황을 이해하는 데 거의 무의식적으로 사용하는 처방전으로서의 지식, 이른바 상식적 지식을 일단 한편에 밀쳐둬야 합니다. 잠깐 멈춰 서서 자신이 그러한 지식을 어떻게 사용하는지, 또 그 지식을 사용해서 상황이나 광경을 이해하는 활동이 과연 적절하고 기분 좋은 것인지 등을 생각해봅시다. 그렇게 깨닫고 따져보는 행위야말로 일상생활 세계를 사는 우리의 모습을 사회학적으로 읽어내는 첫걸음입니다.

이 부분은 중요하기 때문에 다시 한번 일러두겠습니다. 당연함에 놀라고, 그 당연함 속에 무엇이 도사리고 있는지를 꿰뚫어 보며, 자신이 타인과 함께 기분 좋게 살기 위해 꼭 필요한 것은 무엇인지를 의심해야 합니다. 나아가 변화가 필요하다고 느낀다면,

자신의 일상을 어떻게 바꿀지 생각해야 합니다. 그런 활동이야말로 자신의 삶과 인생을 사회학적으로 되돌아보는 첫 단계입니다.

일상성이 붕괴되는 순간

재미있는 예를 들어보겠습니다. 〈기리시마가 동아리 활동 그만둔대〉(요시다 다이하치吉田大八 감독, 2012년)라는 영화가 있습니다. 개봉 당시, 장기 흥행에 성공하면서 대단한 인기몰이를 했습니다. 저는 매년 2학년에게 영화나 다큐멘터리를 소재로 사회학적 상상력을 키우는 연습을 시키는데, 그때마다 이 영화를 다룹니다. 원작은 유명 문학상인 나오키상(直木賞)을 수상한 작가 아사이 료(朝井リョウ)의 동명 베스트셀러 소설입니다.

고등학교 배구부의 리베로로 활약하는 기리시마. 운동도 잘하지만, 매일 밤 입시 준비를 위해 학원도 열심히 다니는 소문난 '능력자'입니다. 그런데 어느 날, 스쿨 카스트(학교 내 서열)의 정점에 서 있는 기리시마가 갑자기 동아리 활동을 그만두고 학교에 모습을 드러내지 않습니다. 그러자 기리시마 주변 사람들의 관계에 균열이 생기고, 일상에 다양한 파문이 일어납니다. 감독은 목요일부터 주말을 거쳐 화요일이 오기까지 며칠 사이에 일어난 일을 각 등장인물의 입장에서 플래시백 하며 그들 사이의 갈등을 입체적으로 그려냅니다.

방과 후, 동아리 활동이 끝날 때까지 농구를 하면서 기리시마를 기다리는 자칭 '귀가부'의 3인. 그중 한 사람은 기리시마와 함께 학원에 다니는 또 한 명의 '능력자'로 야구부의 기대주였지만, 무슨 이유에선지 그만뒀습니다. 야구부 주장은 시도 때도 없이 돌아오라고 매달리지만, 매번 모호한 태도로 대답을 회피하지요. 그러면서도 항상 야구부 가방을 메고 다닙니다. 그는 대체 어쩌고 싶은 걸까요? 동아리 활동에도 열중할 수 없고, 공부에도 열중할 수 없는 상태로 보내는 하루하루. 그도 스쿨 카스트의 상층부에 속하는 인물입니다.

기리시마가 동아리를 갑자기 그만두자 단숨에 리베로의 책임을 떠맡게 된 남학생이 있습니다. 그는 원래 기리시마의 보결선수였습니다. 단숨에 주전선수 자격을 얻어 경기에 나가지만, 기리시마와는 실력 차가 너무 커 보기 좋게 패배를 맛봅니다. 그러자 배구부의 질서는 일시에 흔들리고 부원들 사이에는 대립과 갈등이 불거집니다.

역부족으로 괴로워하는 그 선수를 보며 마음 아파하는 배드민

턴부 여학생도 있습니다. '저렇게 애쓰는데 가엾게도……'라며 남몰래 안타까운 시선을 보냅니다. 그녀는 같은 동아리의 실력 있는 친구들이 부럽습니다. 그래서 괴로워하는 남학생의 모습에 자신의 모습을 투영한 것입니다.

기리시마가 사라지자 스포츠 동아리의 상위 카스트에 있던 인간 군상은 확연히 동요하기 시작합니다. 중위권 카스트에도 그 영향이 미치지요. 그뿐만 아니라 상위권 카스트에 있는 남학생과 사귐으로써 상위권에 발을 들여놓을 수 있었던 여학생들도 흔들립니다.

다른 한쪽에서는 문화부의 하위 카스트를 차지하는 영화부 남학생들이 지도교사에 반발해 '반란'을 일으킵니다. 지도교사의 말을 거역하고 자신들이 만들고 싶은 영화를 만들기로 한 것입니다. 검도부 동아리방 안에 커튼으로 분리한 공간. 좁고 어두운 그곳이 영화부의 보금자리입니다. 남학생 열 명 정도가 모여서 만화책을 읽는 모습은 그들이 카스트의 바닥 층임을 보여주는 장면입니다. 화면만 보고 있어도 검도부 장비 특유의 땀 냄새가 코를 자극하는 것 같은데, 그 속에 비집고 들어간 영화부의 모습은 바닥 층의 의미를 증폭합니다. 귀가부 '능력자'를 남몰래 좋아하는 브라스 밴드부 부장과 영화부의 장소 확보를 둘러싼 힘겨루기도 재미있습니다.

영화가 끝날 때쯤, 기리시마에 농락당한 카스트 상위권 학생들이 학교 옥상의 '영화부' 촬영 현장에 난입했다가 결과적으로 촬영에 휘말리는 장면은 그야말로 압권입니다. 카스트 상위권 학생들을 덮치는 영화부의 좀비 역할 배우들. 그리고 그런 그들을 영상에 담으려고 필사적으로 카메라를 돌리는 영화부 감독과, 건물 한편에서 연습 중이던 브라스 밴드부의 연주 소리. 하위권과 상위권 학생들이 서로 엉켜 넘어지면서 카스트의 질서는 잠시나마 무너집니다.

스쿨 카스트가 내포하는 것

앞서 스쿨 카스트라는 표현을 썼습니다. 이것은 최근 교육 연구자, 학교 연구자 사이에 자주 언급되는 표현으로 학생들이 일상의 대부분을 보내는 학교, 학급과 관련이 있습니다.

학교나 학급은 균질한 인간들로 구성된 균질한 공간이 아닙니다. 그 안에서 학생들은 성적과 학력뿐 아니라 대외적 활약을 펼치는 운동부부터 눈에 띄지 않는 문화부까지 몇몇 기준을 적용해 서로의 등급을 매깁니다. 그 결과 실제로 상위부터 하위까지의 서열이 생기고, 지배 영역이 구분됩니다. 이런 현실을 차별과 소외를 유지 및 고착화하는 카스트제도에 빗대어 스쿨 카스트, 학교 · 학급 내 카스트라 부르는 것입니다.

교육사회학자인 스즈키 쇼(鈴木翔)[9] 씨는 학생들을 대상으로 실시한 세밀 조사를 토대로 상위, 중위, 하위 카스트의 양상을 밝혀낸 뒤 흥미로운 분석 결과를 얻었습니다.[10] 스즈키 씨의 주장에서 제가 가장 흥미롭게 본 부분은 학생들이 만들어낸 현실을 카스트라 비판하면서도 학급 내 카스트를 재빨리 인지해 상위 학생들과 양호한 관계를 맺어야 학급을 원활하게 운영할 수 있다고 생각하는 교사들의 진심 어린 속내였습니다. 교사들은 스쿨 카스트를 피할 수 없는 중요한 현실로 평가하고 있었습니다.

영화 이야기로 돌아가 봅시다. 영화는 상위 카스트 학생들은 행복하고, 하위 카스트 학생들은 비참하다는 단순한 묘사로 끝나지 않습니다. 기리시마의 여자 친구로 알려진 아름다운 여학생이 있습니다. 방과 후, 학생들이 바삐 오가는 벤치에 앉아 추종자들에 둘러싸여 기리시마의 동아리 활동이 끝나기를 기다리는 그녀의 모습은 상징적입니다. 기리시마가 가장 높은 자리에 있는 한, 그녀도 여학생 중 가장 높은 자리에 있을 수 있습니다. 그런데 그녀는 기리시마가 왜 동아리 활동을 그만두었는지 이유조차 들을 수 없었습니다. 자신이 기리시마에게 중요한 존재가 아니라는 사실이 드러남으로써 지위에 금이 가기 시작했을 때, 그 아름다운 여학생은 곤혹함과 조바심을 감추지 못합니다.

---

9   사회교육학자. 1984년생. 현재 아키타(秋田) 대학 대학원 이공학연구과 조교로서 연구자로 활약 중이다.

10 국내에도 2013년에 《교실 카스트》(베이직북스)라는 제목으로 출판되었다.

한편 하위 카스트인 영화부 남자들은 같은 반 여학생들이 깔보아도 전혀 신경 쓰지 않고 자신들이 찍고 싶은 영화 촬영에만 매진합니다. 만족할 수 있는 작품을 찍고 싶다는 그들의 바람은 강력합니다.

동아리에 들지 않고 방과 후에 농구를 하면서 기리시마를 기다리는 '귀가부'의 남학생 셋. 동아리를 그만둔 기리시마를 더 기다릴 필요가 없는데도 농구를 하다가 문득 이런 대화를 나눕니다. "우리, 농구는 왜 하는 거야?" "좋으니까 하지." "농구가 좋으면 넌 동아리 들어." 셋은 그렇게 헤어집니다. 그들은 왜 방과 후 시간을 허비했을까요?

야구부를 그만둔 귀가부 남학생을 남몰래 좋아하는 여학생도 있습니다. 귀가부 남학생들이 농구를 하며 노는 모습을 멀리서 늘 지켜보지만, 사실은 어떻게든 자신의 존재를 드러내고 싶어 합니다. 그녀는 브라스 밴드부의 부장입니다. 기리시마 여자 친구의 추종자로부터 심한 모욕을 당한 뒤, 역시 자신에게는 브라스 밴드부가 제일 잘 어울린다며 동아리라는 현실로 돌아가게 됩니다.

동아리 활동의 대외적 활약이나 주목도를 따지자면 학생들 사이의 서열이 확실히 존재하지만, 학생들은 모두 각자의 자리에서 열심히 살아갑니다. 자기 위치를 유지하려고 필사적으로 노력하는 아이도 있고, 왜 자신이 그 위치에 있는지 또는 자신은 정말 그 위치에 있고 싶은지를 알지 못해 고민하는 아이도 있습니다. 자기 위치가 어떤 의미인지 충분히 알지만, 거기서 벗어나려는 한 걸음을 내딛지 못해 망설이는 아이도 있습니다. 자신의 위치를 둘러싼 갈등, 그리고 각자가 제 위치에서 현실을 구축하는 처방적 지식이 있다는 것을 영화는 즐겁고도 감동적으로 보여줍니다.

"싸우자. 여기는 우리 세계다. 우리는 이 세계에서 살아야 한단 말이다." 학교 옥상에서 좀비와 싸우는 장면을 다 찍은 뒤, 영화부 감독이 확인한 녹화 장면 속 대사가 아주 걸출합니다. '다양한 삶의 고통으로 넘쳐나는 학교 내 일상. 그곳이 아이들이 살아야 하는 세상이다. 기리시마가 있건 없건 학교라는 공간에서 살아갈 수밖에 없다. 여러분은 어떻게 살아갈 것인가?' 감독은 스토리가 진행되는 동안 서서히 이런 메시지를 던집니다.

학교, 학급에서 학생들이 만들고 유지하는 현실을 정말 '카스트'라는 말 한 마디로 표현할 수 있을까요? 저는 좀 더 다양하고 복잡한 현실이 교차하는 일상이라고 봅니다. 영화는 사소한 계기를 통해 일상을 뒤돌아보게 된 학생들이 각자의 위치에서 열심히 살아가려는 모습을 예리하고도 따뜻하게 그려냈습니다.

일상이라는 이름의 보물 상자

친구와의 일상, 어머니와의 일상, 아버지와의 일상, 형제와의 일상, 학교에서 보내는 일상, 교실에서 보내는 일상, 동아리 활동과 관련한 일상, 통학 길의 일상, 학원에서 보내는 일상, 자기 방에 처박혀 있을 때의 일상, 취미에 몰두하는 일상……. 우리는 이루 다 헤아리지 못할 만큼 많은 일상을 사는 동안 타인을 바라보고, 만나고, 스쳐 지나갑니다. 일상을 산다는 것은 아무것도 하지 않고 그저 멍하니 목숨을 부지한다는 의미일까요? 절대 그렇지 않습니다. 루틴을 당연하게 수행하는 과정은 우리가 다양한 상식적 지식과 처방적 지식 및 현실을 이해한 상태에서 현실을 구축하기 위한 방법을 구사하는 과정입니다.

언제나 무언가를 실천하는 동시에 일상을 아무 거리낌 없이 당연한 것으로 받아들이며 지내는 것이지요. 일상생활 세계를 사회학적 고찰의 주제로 생각하고 그 속에서 살아가는 우리의 모습과 타인의 모습을 되돌아보려면 자신과 타인을 끊임없이 무언가를 실천하는 존재로 파악해야 합니다.

그리고 실천하기 위해 거의 무의식적으로 사용 중인 우리의 상식적 지식, 처방적 지식을 놀라움의 시선, 의심의 시선으로 바라보고 재조명하며 그것들에 어떤 문제가 있는지를 찬찬히, 그리고 곰곰이 되새겨보아야 합니다. 그것이야말로 우리라는 존재를 중심으로 사회학적 사고와 사회학적 상상력을 확대, 증폭하는 기본적 행위입니다.

TV에 자주 나오는 먹거리 전문 리포터의 유명한 대사 중에 "△△는 ○○의 보물 상자다!"라는 문구가 떠오릅니다. 그렇습니다. '일상성은 사회학의 보물 상자'입니다. 단, 우리의 일상이 반짝반짝 빛나는 보석 천지는 아닙니다. 당연함을 재발견할 수 있는 흥미로운 실마리를 찾았다 해도 알고 보면 처치 곤란한 칙칙한 돌일지도 모르기 때문입니다. 그래도 그것과 마주하고 자신이 살아가는 일상의 다양한 문제성을 깨달을 때, 그 돌은 희미하게나마 빛나기 시작할 것입니다. 타인을 차별하는 상식적 지식을 비판 없이 수용하려다가도 그것을 깨닫고, 어떻게든 변화시키고 싶어 하며 그러기 위한 모색을 시작할 때, 처치 곤란했던 돌은 내 안의 멋들어진 보석으로 빛을 발합니다.

그럼 이제 일상성 속에 묻혀 있는 다양한 보석을 찾기 위한 여행을 떠나겠습니다.

제3장

스마트폰이 있는 일상

신체 일부가 된 스마트폰

앞서 여러 번 언급했다시피 저는 스마트폰이 기존의 일상을 180도 바꾸어놓았다고 생각합니다. 1장에서 소개한 사회학의 거장들도 전혀 상상하지 못한 세계 아니겠습니까? 그래서 3장에서는 우리가 '스마트폰이 있는 일상'을 어떻게 살고 있는지를 사회학적 관점에서 차근차근 짚어보려 합니다.

이른 아침 출근, 통학 시간대의 풍경을 떠올려보십시오. 지하철역 플랫폼에 늘어선 사람들 가운데 열에 아홉은 스마트폰에 코를 박고 열심히 손가락을 움직입니다. 이제는 익숙해진, 너무나도 당연한 일상 속 한 장면입니다. 매일 아침, 서로 다른 사람들이 완벽히 똑같은 자세로 똑같은 동작을 하는 광경을 볼 때마다 '획일성과 균질성'이 떠오릅니다. 그리고 우리가 스마트폰에 '길들여지고 있다'는 사실에 전율마저 느껴집니다. 스마트폰은 일상이 된 지 오래입니다.

이제 스마트폰은 미디어이면서 신체 일부로까지 발전했다고 할 수 있습니다. 어떠한 방식으로든 온종일 스마트폰에 의존하는 일상을 우리는 어떻게 봐야 할까요?

가장 흔한 시각은 스마트폰을 알코올 또는 약물과 마찬가지로 취급해 스마트폰에 과도하게 지배되는 모습을 중독이라 부르고, 이를 질환으로 보는 것입니다. 그것이 만약 질환이라면 우리는 그 증상을 고치기 위한 치료법을 고민하면 됩니다. 스마트폰을 사용하는 시간대를 제한하거나, 학교에서는 스마트폰을 쓰지 못하게 하는 등 무언가 규제를 만들어서 사람과 스마트폰의 관계를 개선하는 방향으로 말입니다.

또 스마트폰을 원숙하게 사용하는 '선배'로부터 스마트폰의 적절한 사용에 관해 조언을 얻는 처방도 생각할 수 있겠습니다. 세간에 스마트폰의 현명한 사용법에 관한 책들이 넘치는데, 모두 이 같은 고민의 결과라 할 수 있습니다.

어찌 됐건 우리 대부분이 스마트폰 사용에 전혀 문제를 느끼지 못하는데도 중독이나 질환이라는 진단이 나온다는 것은 우리가 이미 스마트폰이라는 사악하고도 매력적인 미디어에 휘둘리고 있다는 증거겠지요. 그런데 저는 중독이나 질환 외의 다른 시각도 필요하다고 생각합니다.

그래서 지금부터 스마트폰이 있는 일상을 조금 다른 각도에서
살펴보고자 합니다.

편리해서 쓰고 간편해서 착각하는 사람들

스마트폰은 분명 종래의 그 무엇보다 편리한 도구입니다. 대학의 소그룹 세미나만 봐도 쉽게 알 수 있습니다. 예전에는 구성원에게 주소와 연락처를 묻고 연락망을 만들어 일일이 연락했지만, 요즘은 누구 한 사람만 수고하면 그 자리에서 SNS(소셜 네트워크 서비스)를 통해 '전달 사항 및 알림' 같은 내용을 뿌릴 수 있습니다. 그뿐만이 아닙니다.

저는 요즘 건망증이 심해져서 학생들에게 책을 소개하려다가도 금세 저자명이나 제목을 까맣게 잊어버리곤 합니다. "잠깐만, 그게 뭐더라……" 하고 시간을 번 뒤, 머리를 쥐어짜며 신음하고 있으면 학생들은 스마트폰 화면을 몇 번 터치해 "말씀하시는 책이 이건가요?"라며 순식간에 정확한 정보를 들이댑니다. 그럴 때마다 스마트폰, 또는 스마트폰을 통해 열린 인터넷 공간의 편리함을 실감하지요.

저는 평소 파워포인트 같은 도구를 일절 쓰지 않고 옛날 방식대로 칠판에 판서하면서 강의를 진행합니다. 250명 정도가 들어가는 대강의실에서 강의를 할 때 보면, 앞자리에 앉은 학생들은 판서 내용을 노트 등에 옮겨 적으며 강의에 집중합니다. 반면 강의를 들을 생각도 없으면서 강의실에 오는 학생도 있습니다. 그들은 강의를 방해하지 않으려는 나름의 배려심을 발휘해 뒤쪽에 모여 앉아 잡담을 나눕니다. 아마도 강의실에 와 있다는 사실에 의미를 부여하는 것일 테지요. 그리고 내내 딴짓을 하다가 칠판에 어느 정도 판서 내용이 들어찼다 싶은 순간, 일제히 스마트폰으로 칠판을 찍어댑니다. 여러 명이 양손을 쭉 뻗어 스마트폰으로 칠판 사진을 찍는 광경은 어찌나 가관인지 손가락으로 브이자를 만들어 사진 속에 끼어들고 싶은 충동마저 일어납니다.

여담입니다만, 저는 대학 전공 강의는 출석 같은 것을 부를 필요가 없다고 굳게 믿습니다. 그래서 강의를 시작할 때, 왜 내가 출석을 부르지 않는지를 학생들에게 설명합니다. 정해진 시간표에 따라 수업을 받고 학점을 취득하는 고등학교 때까지의 교육과 대학은 전혀 다르다는 거지요. 대학생이 강의를 선택하고 수강 등록을 하는 이유는 단 하나, '듣고 싶어서, 관심이 있어서'라야 합니다. 물론 주변에는 빠짐없이 수업에 참석해야 한다는 요건이

붙는 강의도 여럿 있습니다. '출석을 부를 필요가 없다'는 생각은 대학교수로서의 개인적 경험에서 나온 판단입니다.

　사실 강의를 들어보면 생각과 달리 눈곱만큼도 재미가 없고 내내 지루하기만 한 경우가 있습니다. 대학교수 중에는 자기 강의가 서툴고, 학생들에게 지식과 생각을 전하는 방법이나 능력이 유치하다는 사실은 덮어두고, 강의를 들으려 하지 않는 학생만 나쁘다고 몰아붙이는 사람도 있습니다. 대학생이 되고 나면 스포츠 등의 동아리 활동이나 문화 계통 동아리 활동, 아르바이트 때문에 시간에 쫓기다 보니 애초 생각대로 강의에 출석하기가 어려울 수도 있습니다.

　그렇기 때문에 스스로 길을 찾아서 계획적인 일상을 만들어가는 것이 매우 중요합니다. 저도 예전에 좋아하는 강의는 열심히 듣고 공부했습니다. 요즘과 마찬가지로 재미는 없지만 학점을 받아야만 하는 수업도 있었는데, 그럴 때는 어떻게든 매번 출석하지 않고도 학점을 딸 수 있는 아이디어를 짜내 수업을 빼먹었습니다. 이런 이야기를 강의를 시작할 때 해주면서 제 수업에서 학점을 따기 위한 필요조건을 설명합니다.

　그 조건에 '매회 출석'은 들어 있지 않습니다. 제 강의를 들을 생각도 없는데 의자만 차지하고 앉아 잡담이나 나누다가 스마트폰으로 칠판을 찍어가는 학생들을 보면 그럴 시간에 대학에서 자신이 뭘 하고 싶은지, 어떻게 대학 시절을 보낼지 고민하라고 얘기해주고 싶습니다. 그들이 내민 스마트폰을 바라보며 브이 자 사인을 그리고 싶은 충동 한편에는 아쉬움도 크기 때문입니다. 여담이 길어졌습니다. 본론으로 들어가겠습니다.

'세상'을 휴대하는 쾌락,
'내'가 드러날 위험성

손안에 쏙 들어오는 스마트폰은 전화 통화는 물론이고 사진이나 동영상을 찍을 수도 있고, 선명한 영상을 볼 수도 있습니다. 이미 컴퓨터 단말기 이상의 기능을 갖춘 물건입니다. 이 놀라운 도구를 손에 쥐면 누구라도 온종일 내려놓기가 힘듭니다. 우리는 스마트폰을 통해 '지금, 여기' 눈앞에 있는 당신만을 만나는 것이 아니라 눈 깜짝할 사이에 '지금, 여기'를 초월해 다양한 현실과 이어질 수 있습니다. 그렇다면 일상 속 우리는 스마트폰을 사용하면서 무엇을 얻고 무엇을 위협받게 되었을까요?

제 생각에 우리는 '세상'을 휴대하는 쾌락을 얻었고, 그 대가로 불특정 다수에게 자신이 노출되는 위험 요소를 떠안게 되었습니다. 컴퓨터가 개발되고 인터넷 사회가 등장한 뒤 상당한 시간이 흘렀습니다. 저는 지금 노트북으로 이 원고를 쓰고 있습니다. 그리 오래되지 않은 과거였다면 데스크톱 컴퓨터를 앞에 두고 키보드를 두드렸겠지요. 어쨌든 원고를 쓰다 지치면 워드를 닫고, 이메일을 확인하거나 인터넷으로 다양한 정보에 접근하거나 했을 겁니다. 이런 행위는 그야말로 책상 앞에 앉아서 하는 일입니다. 그런데 지금은 책상 앞에 앉을 필요 없이, 그리고 노트북을 무릎 위에 올릴 필요도 없이 그저 손에 쥔 스마트폰을 만지작거리기만 하면 언제 어디서든 내 앞에 다른 세상을 펼칠 수 있습니다.

데스크톱에서 스마트폰으로! 이는 도구를 만드는 기술의 혁신만을 의미하는 것이 아닙니다. '책상 앞에 앉아서' 또는 '방 안에 처박혀서', '큼지막한 모니터에 집중해서' 등 기존에는 그저 인터넷만 쓰려 해도 일정한 절차를 거치고, 자세를 바꾸고, 의식을 변경해야 했습니다. 그런데 이제는 신체적 동작이나 일상적 의식을 바꾸지 않고도 언제든 '세상'과 마주할 수 있게 되었습니다.

이 점이 일상을 살아가는 데 있어 결정적인 생활 혁신을 초래했다고 생각합니다. 뭔가 특별한 절차를 거치거나 의식을 바꿀 필요 없이 언제 어디서나 인터넷 세상을 열어서 마음껏 휘젓고 다니는 이유가 무엇이겠습니까? 극도의 자극과 흥분을 초래하는 궁극의 쾌락 때문 아니겠습니까? 이렇게 생각하면 보행 중 스마트폰 사용은 필연적이고 당연한 결과입니다.

일상적 도덕이나 예절을 지키는 차원에서 또는 위험한 사고를 방지하기 위해 '보행 중에는 스마트폰을 하지 맙시다!'라고 떠들 수는 있지만, 그런다고 해서 사람들이 말을 들을 것 같지는 않습니다. 왜냐하면 그런 규제의 소리가 귀에 들어오지 않을 정도로 우리는 지금 세상을 휴대할 수 있는 쾌락에 매료되어 있기 때문입니다. 세상을 휴대하는 쾌락에 놀라고 푹 빠져 있는 한, 보행 중 스마트폰 사용은 앞으로도 지극히 자연스러운 행위일 거라 확신합니다.

그럼 어떻게 하면 보행 중 스마트폰 사용을 안 하게 할까요? 이런 공상을 해봅니다. 세상을 휴대할 수 있다는 점이 특별히 놀랄 일도 아니고, 매료될 일도 아니면 된다고 말입니다. 스마트폰으로 할 수 있는 일이 진부하고 당연하다는 의식이 생기면 된다는 것이지요. 그래야만 보행 중 스마트폰 사용이 일상생활에 다양한 지장을 초래한다는 사실을 진정한 의미에서 이해시킬 수 있지 않겠습니까?

스마트폰이 일상에 뚫어놓은 구멍

사회학자인 스즈키 겐스케(鈴木謙介)[11] 씨는 웹 사회의 특징을 '현실 공간의 다공화(多孔化)'라 지적하며 독특하고도 뛰어난 분석을 했습니다(《웹 사회의 미래-'다공화'한 현실 속에서》, 2013).

그는 '현실 공간과 관련된 의미 공간에 무수한 구멍이 뚫려서 다른 장소로부터 의미(정보)가 유입 또는 유출되는 것'을 '공간적 현실의 다공화'라 불렀습니다. 또 '다공화한 현실 공간에서는 같은 공간에 존재하는 사람이라도 서로 다른 의미 공간을 살기 때문에 물리적 공간의 특권성이 상실'되는 현상을 '공간적 현실의 비특권화'라 불렀습니다(동일 서적 137쪽).

2016년 10월 일본에 정식 출시된 모바일 게임 '포켓몬고'가 좋

---

11 전공은 이론 사회학. 간사이(関西) 학원대학 사회학부 준교수, 고쿠사이(国際) 대학 글로벌 커뮤니케이션 센터 객원 연구원. 다수의 저서를 펴냈고 방송 활동도 활발하다.

은 예입니다. 출시 후 전국에서 게임에 빠져든 사람들이 속출했
는데, 포켓몬이 장소를 불문하고 출현하는 탓에 여러 가지 문제
와 사건도 발생했습니다. 히로시마시(広島市) 평화기념공원[12] 측
은 포켓몬이 출현하는 장소에서 평화기념공원을 제외해달라는
요청을 했습니다. 당시 원폭어린이상 주위에서 스마트폰을 들여
다보며 게임에 열중한 인파를 취재한 영상이 TV에 방송되기도
했습니다. 예전과는 비교할 수도 없을 만큼 많은 이가 원폭어린
이상을 보았습니다. 그러나 그들은 원폭어린이상의 본래 의미를
보고 있지 않았습니다.

이런 현상이야말로 스즈키 씨가 말한 '공간적 현실의 비특권
화'입니다. 히로시마시가 포켓몬고의 출현 장소에서 평화기념공
원을 제외해달라고 요청한 이유를 생각해봅시다. 많은 사람이 평
화기념공원을 찾아온 것은 분명 사실입니다. 하지만 그들에게 이
공원은 원폭 투하나 피폭이라는 역사적 사실을 반추하고 고민하
는 장소가 아니라 포켓몬을 잡을 수 있는 매력적인 장소일 뿐이
었습니다. 게임에 열중한 사람들에게 피폭에 관한 사유는 무의미
한 짓입니다. 그들에게 가장 중요한 현실은 공원을 자유롭게 돌

---

12 1945년의 히로시마 원폭 투하로 수많은 인명이 희생된 비극을 기억하고 세계평화를 기
  원하는 의미로 건립된 공원이다. 공원 내에는 평화기념자료관, 위령비, 원폭어린이상, 한
  국인 위령비 등이 있다. 원폭어린이상은 피폭 후 백혈병에 걸려 열두 살의 나이에 사망한
  소녀 사사키 사다코(佐々木禎子, 1943~1955)를 추모하는 기념물이다.

아다니며 더 많은 포켓몬을 잡는 행위이지요.

다시 말해 피폭이라는 현실을 마주하면서 그 부조리함과 비참함을 배우고 반핵, 평화를 희구하는 평화기념공원의 의미 또는 특권성이 게임의 가상적 공간과 현실에 밀려 그 의미를 상실할 위험에 직면한 것이었습니다. 위령비와 피폭 흔적은 히로시마의 중요한 관광자원입니다. 당시는 피폭 70년을 보내면서 어떻게 하면 그 기억을 계승할 수 있을지에 관한 심오한 과제를 고민하던 시기이기도 했습니다. 관광자원이면서 피폭의 역사를 반성할 수 있는 특권성을 어떻게 유지하고 새롭게 창조할 것인지는 히로시마시 등 지역사회가 진지하게 모색하던 중요 주제였던 것입니다. 그런데 그 특권성이 너무나도 소박하고 가벼운 행태에 의해 위협받았습니다. 포켓몬고는 하루아침에 평화기념공원의 골칫거리가 되었습니다.

자기 머리로 사색하는 여유

스즈키 씨가 주장한 '다공화한 현실 공간'에는 깊이 공감합니다. 그런데 저는 그와는 다른 의미에서 스마트폰이 우리 일상에 새롭고 크고 깊으며 끝을 알 수 없는 엄청난 구멍을 뚫었다고 봅니다.

마치 신체 일부로 변한 것 같은 스마트폰(구멍)을 통해 매일, 매시간 그리고 매초 막대한 양과 질의 정보가 우리에게 쏟아져 들어옵니다. 그 정보에는 역사를 무시한 거짓말로 특정 민족에 대한 혐오를 부추기는 악의적 정보도 있고, 우리의 욕망을 꿰뚫어 보는 솔깃한 이야기도 있습니다. 물론 현대사회, 국제관계, 국가, 시민사회의 양상을 생각하는 데 유용하고 시의적절한 정보도 그 구멍으로 들어옵니다. 옥석이 뒤섞인 정보, 다시 말해 우리가 일상을 기분 좋게 살아가는 데 매우 필요하거나 전혀 불필요한 정보가 구멍을 통해 우리 일상으로 보란 듯이 파고드는 것입니다.

물론 우리는 인터넷이나 스마트폰이 사회에 등장하기 전부터 이러한 사태를 겪어왔습니다. 그래서 특별히 새로운 문제라고 주장할 필요가 없을지도 모릅니다. 하지만 과거와 비교해 확실히 달라진 점이 있습니다. 그런 정보가 우리에게 의미 있는 것으로 인식되고, 그 의미를 우리가 곱씹어보며, 자신에게 유용한지 그 여부를 판단하는 데 쓸 수 있는 시간이 한정되어 있어서 그야말로 순식간에 정보의 질을 판단할 수 있는 기량이 요구된다는 점입니다.

온갖 정보를 순식간에 확인하고 얻을 수 있어서 좋은 점도 참 많습니다. 그런데 스마트폰을 신체 일부로 여기게 된 지금, 우리는 정말 온갖 구멍이라는 구멍으로 마구 밀려들어 오는 정보의 진위와 배경, 근거 등의 의미를 순식간에 판단해 정보를 취사선택할 힘과 기량을 갖추고 있을까요? 또 그런 힘과 기량이 우리 안에서 자라고 있을까요? 다시 말해 옥석이 뒤섞인 정보를 보고도 갈팡질팡하지 않고 차분하게 마주할 수 있는 '정보에 대한 내성'을 충분히 갖추고 있느냐는 말입니다.

저는 3장을 시작하면서 우리가 스마트폰에 '길들여져 있다'는 말을 했습니다. 그 말은 제 경험에서 나온 표현이었습니다. 스마트폰에 길들여져 있다는 말은 정보에 대한 내성 없이 스마트폰에서 넘쳐나는 정보에 농락당하는 우리의 현재 모습과도 일맥상통합니다. 그럼 어떻게 하면 정보에 대한 내성을 염두에 두고 체화할 수 있을까요?

우선 온종일 스마트폰을 만지는 자신을 되돌아보십시오. 아무런 목적 없이, 그저 지루함을 달래기 위해 스마트폰을 만지는 자신을 점검하는 겁니다. 필요 없을 때는 스마트폰을 끄고 책을 읽거나 다른 행위를 하면서 자신의 정보 리터러시(정보의 질이나 의미를 적확하게 판단할 수 있는 능력)를 높이는 게 어떨까요? 스마트폰을 끄면 일단 정보에 의존하지 않고, 기존에 자신이 얻어온 실천적 지식만을 실마리로 삼아 자기 머리로 사색하는 여유를 가질수 있습니다. 정보에 대한 내성을 키우는 것입니다. 여러분! 우선은 스마트폰과 거리를 두고, 일상을 사는 자신의 모습을 되돌아보는 데서부터 시작합시다.

사적 영역의 무한한 확산에 대한 생각

또 한 가지 생각해야 할 중요한 문제는 스마트폰이라는 구멍을 통해 자신의 사적 영역이 무한히 확산된다는 점과 이에 따라 사적 영역이 감수해야 하는 위험, 침해를 어떻게 볼 것인가 하는 점입니다.

정보 리터러시는 우리가 구멍을 통해 들어오는 정보와 어떻게 마주할지에 관한 문제였습니다. 그와 달리 사적 영역의 무한한 확산 및 사적 영역이 입는 위험과 침해는 나에 관한 정보가 구멍을 통해 속수무책으로 새나가는 것을 우리가 어떻게 보고, 어떻게 대처할지, 그리고 내 정보를 외부 세상으로 어떻게 방출할지에 관한 문제입니다.

"저는 제가 좋아하는 사진을 (인스타그램에) 올리기만 했어요. 여러분이 그걸 좋아해주시니 그저 고맙죠."

500만 가까운 폴로어 수를 기록하며 인스타그램의 여왕이라 불리는 한 탤런트는 며칠 전 TV에서 이렇게 말했습니다. 그녀의 인터뷰는 대충 이런 내용입니다. '나는 나 자신을 피사체로 삼아 찍은 사진(=좋아하는 사진)을 인스타그램에 끊임없이 올렸을 뿐이다. 그걸 보고 즐기는 것은 폴로어의 자유이니 내가 알지 못하는 영역이다.' 인터뷰 영상을 보며 여러 생각이 들었습니다.

'탤런트로 TV 등에서 일을 하는 이상, 많은 이가 자신을 어떻게 받아들이고 평가하는지가 중요할 것이다. 그러니 자기 사진에 대한 비판이나 부정적인 평가는 언급하지 않았을 터. 저 인터뷰가 그녀를 평가하는 또 하나의 근거가 된다는 것을 잘 아는 거야. 역시 만만치 않아.'

그런데 이런 생각을 하는 동시에 한편으로는 그녀가 사적 영역을 보는 방식에 놀라기도 했습니다. '자신의 평소 모습을 영상으로 찍어 인스타그램에 계속 올리다 보면 사적이라서 비밀로 해두고 싶은 세계나 영역은 어떻게 지킬까?' 하는 생각이 들었던 것입니다.

그녀는 스마트폰이라는 구멍을 통해 의도적으로 자신의 사적인 모습을 유출했습니다. 그녀의 사적 영역은 그 구멍으로 계속 새나가 외부의 더 넓은 세상으로 끝없이 퍼져나갔습니다. 비유하자면 그녀에 관한 정보는 끝없이 확장하는 풍선 속에 있는 것이나 다름없습니다. 사적인 비밀을 지켜줄 막은 점점 얇아져 찢어지기 일보 직전까지 부풀겠지요. 그러다가 찢어지고 나면 자신에 관한 노골적인 정보가 악의와 질투 따위의 정서로 가득 찬 익명의 권력 앞에 무방비로 노출될 수도 있습니다.

물론 그녀의 막은 한없이 얇아질 위험이 있기는 해도 절대 찢어지지 않는 탄탄함과 유연함을 갖추었을 가능성도 있습니다. 그녀는 어떻게 해서 막이 찢어지지 않게 했을까요? 막을 위협하는 각양각색의 위험을 맞닥뜨렸을 텐데 어떻게 해서 찢어지지 않는 유연함을 갖추었을까요? 저는 그 점이 매우 궁금합니다. 이것은 스마트폰과 우리의 일상, 그리고 스마트폰과 우리 존재의 관계성을 생각할 때 드는 근본적인 의문입니다.

앞서 언급한 탤런트가 그 답을 알려줄 리는 만무합니다. 설령 알려준다 해도 그 답이 우리 모두에게 들어맞는 일반적이고 보편적인 답은 아닙니다. 결국 스마트폰이 우리 각자의 신체 일부가 된 이상, 각자가 위기감을 느끼고 각자의 '스마트폰이 있는 일상'을 자세히 반추하고 변혁할 수밖에 없습니다.

이때 놓쳐서는 안 되는 요소가 있습니다. 바로 스마트폰만 있으면 타인과 손쉽게 연결될 수 있다는 환상, 그리고 타인을 이해하는 행위의 핵심인 '거리'와 '속도'입니다.

모바일 메신저와 빨래터 수다의 차이점

　"제 경우는 부모님이나 친구와의 연락, 동영상 감상, 게임 애플리케이션 등의 오락을 하는 데 꼭 필요합니다. (중략) SNS를 이용하면 친구, 지인, 심지어 생판 모르는 사람과도 인터넷을 통해 연결될 수 있습니다. 올해로 스마트폰을 쓴 지 4년째인데 처음에는 '라인은 업무로 연락할 때만 쓰겠다!'라고 부모님과 친구들에게 선언했습니다. 그런데 지금 라인은 저를 친구들과 연결해주는 최고의 애플리케이션으로 바뀌어 있습니다. (중략) 요컨대 제 마음속에 '누군가와 연결되고 싶다', '고독하기 싫다', '혼자는 싫다' 같은 정서를 만들어주기 때문에 SNS를 사용할 수 있는 스마트폰이 당연한 도구로 자리 잡았다고 생각합니다."

　저는 강의 시간에 스마트폰 중독에 관한 이야기를 자주 하는데, 어떤 남학생이 강의를 듣고 나서 리포트에 이런 글을 쓴 적이 있습니다. 그에게 스마트폰은 당연한 물건이고, 라인 등의 소셜 네트워크 서비스(SNS)를 통해 친한 사람, 지인, 타인과 늘 이어져 있기 위한 중요한 미디어라고 말입니다. 게임이나 동영상 감상에 스마트폰을 사용하는 것은 시간 보내기나 취미 생활의 연장선으로 볼 수 있습니다. 하지만 SNS를 통해 누군가와 연결되어 있지 않으면 고독하며, 고독은 싫다고 느끼는 것은 스마트폰이 그에게 초래한 새로운 삶의 모습입니다.

라인은 업무 연락을 할 때는 분명 편리한 도구입니다. 어떤 집단 내의 정보 전달, 정보 공유에 효율적이지요. 그런 업무 연락의 도구에 불과하던 것이 어느새 그의 마음속에서 친한 사람, 지인, 타인과 연결되기 위한 도구로 변모했습니다. 더 정확하게 표현하자면 연결되기 위해서가 아니라 그저 '연결되어 있다는 사실'을 확인하기 위한, '연결되어 있고 싶다'는 의사나 감정을 확인하기 위한 도구로 변모한 것이겠지요.

우리는 누군가와 연결되고 싶어서 라인을 사용할 때 상대에게 어떤 이야기를 합니까? 그다지 중요하지 않은 이야기, 고작 잡담, 일일이 기억할 필요 없는 이야기가 대부분입니다. 그래서 긴 문장을 많이 쓰지 않습니다. 또 재미있는 이모티콘을 잔뜩 쓰면 상대에게 일일이 말하지 않고도 느낌을 전달할 수 있습니다. '이야기의 내용은 중요하지 않다. 라인으로 소통하는 것 자체가 재미있고 의미 있다'고 답하는 분도 계실 겁니다. 그 외의 다양한 답변을 추측하다 보니 문득 빨래터 아낙네들의 수다가 떠오르는군요.

예전에는 동네 아낙네들이 빨래터에 모여 설거지나 빨래 따위를 하면서 잡담과 담소를 나누었습니다. 그 자리에 없는 사람 험담이나 소문 같은 가벼운 화제로 분위기가 달아오르기도 하고, 어떤 때는 삶이 얼마나 힘들고 고달픈지에 관한 무거운 주제로 흐르기도 했겠지요. 내용이야 어찌 됐건 그 자리는 친근한 사람들이 모여 서로가 연결되는 자리, 대화를 나누는 자리였습니다.

과거형 시제를 쓴 이유는 그러한 대화 방식은 그야말로 과거의 풍경이기 때문입니다. 우리 일상생활에서 이미 빨래터는 당연한 공간이 아닙니다. 하지만 제가 어렸을 때는 생활공간 속에 빨래터의 존재는 공고했습니다. 빨래, 설거지 등 필요한 가사 행위를 해결하기 위해 동네 사람들은 빨래터를 공유하며 활용했습니다. 그래서 당연히 많은 사람이 몰려들었고 거기서 대화가 오고 갔습니다.

그런데 상대와 시시한 대거리를 주고받고 잡담을 한다는 점에서 라인의 대화와 빨래터 수다가 같다고 볼 수 있을까요? 저는 크게 두 가지 측면에서 다르다고 봅니다.

우선 직접 대면한 상태에서 대화가 오가는지의 여부입니다. 빨래터처럼 실제로 얼굴을 마주하면, 사람들은 서로의 모습이나 표정을 확인하면서 잡담을 나눕니다. 상대의 외양을 보고, 표정을 읽으며, 무엇을 느끼고 생각하는지 헤아리면서 즐겁게 흥이 오릅니다. 직접적이고 대면적인 커뮤니케이션의 정수와 재미를 실감할 수 있지요.

다음은 그곳에 실제로 사는 사람들로부터 결코 떼어놓을 수 없는 일상적 행위인지의 여부입니다. 앞서 언급했듯이 빨래터는 살아가는 데 없어서는 안 되는 물을 쓸 수 있는 중요한 공간입니다. 동네 사람들은 물을 쓰기 위해 빨래터로 몰려들었다가 대화를 시작했습니다. 다시 말해 빨래터의 수다는 사람들의 생활에서 유리된 먼 데서 일어나는 행위가 아니라 늘 사람들의 생활에 뿌리를 내리고 있어서 생활의 냄새와 감각이 충만한 일상 속에서 일어나는 행위였습니다. 물론 이웃과 수다를 떨고 싶은 사람들이 빨래터에 모이기 때문에 대화가 성립되는 건지도 모릅니다. 하지만 그곳이 생활 속 빨래터라는 상징적 장소이고, 직접적 대면 커뮤니케이션이 이루어졌다는 점에서 라인의 대화와는 다르다고 생각합니다.

타인을 이해하기 위한 '거리'와 '시간', '속도'

그렇다고 라인과 같은 온라인상 대화가 나쁘다고 우길 생각은 없습니다. 문제는 앞서 리포트를 제출한 남학생도 자각하고 있었다시피 라인이라는 도구가 타인과 연결되어 있다는 사실을 확인하는 데 사용된다는 점입니다. 이러한 양상이 심해지면 도구에 사로잡힌 나머지 라인을 확인하지 않으면 타인과 연결되어 있음을 실감할 수 없게 됩니다. 그뿐만이 아닙니다. 그런 방식으로 타인과 연결되지 않으면 고독하다는 착각에도 빠지게 됩니다.

그 남학생에게 이렇게 묻고 싶습니다. 어떤 형태로든 한순간도 쉬지 않고 타인과 연결되지 않으면 정말로 고독한 것인가? 라인으로 소통하면 당신은 정말 타인과 연결되어 있고, 안심해도 좋은가? SNS를 통한 타인과의 연결은 당신에게 고독이 아닌 어떤 감정을 부여하는가? 애당초 당신이 말하는 고독이란 무엇이며, 타인과의 연결이란 과연 어떤 관계성을 가리키는가? …… 일단 이 정도만 이야기하겠지만, 훨씬 다양한 형태의 질문을 던질 수 있습니다.

그럼 이런 질문을 받았을 때 어떤 식으로 사고를 전개해야 할까요? 적어도 이것만은 분명합니다. 라인, 트위터, 인스타그램, 더구나 스마트폰은 어디까지나 편리한 정보 발신, 정보 수집, 정보 유통을 위한 기술이며 도구에 지나지 않는다는 것입니다. 그런 기술이나 도구에게는 무언가를 하고자 하는 의지가 없습니다. 라인에게 의지가 있어서 자신을 우습게 보는 인간들을 고독하게 만들겠다고 마음먹는다면 상당히 무서운 일이지요.

문제는 이러한 도구를 우리가 어떻게 잘 사용할 것인가 하는 점입니다. 이 도구를 잘 사용하려면 타인에 대한 이해와 타인과의 의사소통에 올바른 시각이 있어야 합니다. 저는 친한 이들과 언제 어디서건 손쉽게 연결될 수 있는 현실이 무조건 기뻐해야 할 일이며, 우리가 살아가는 즐거움인지에 대해 의문을 품고 있습니다. 타인을 어떻게 이해하고, 타인과 어떻게 교신할 수 있을지 생각하는 행위는 그야말로 사회학의 핵심적 고민입니다. 그리고 지멜이 설파했듯 타인이라는 문제를 생각하는 핵심은 인간과 인간 사이의 '관계성'이며 '거리'입니다.

나아가 제가 덧붙이고 싶은 점은 타인과 교신하고, 타인을 이해하려 할 때 반드시 소요되는 '시간'과 '속도'입니다. 인터넷은 정보를 검색할 때 빠르면 빠를수록 편리하고 평가도 좋습니다. 그런데 타인과 교신하고 타인을 이해하는 데 들이는 시간이나 속도도 빠르면 빠를수록 좋을까요?

사람들은 누구나 타인과 진짜로 연결되고 싶어 합니다. 그 바람을 이루고 싶을 때 우리는 상대에 대해 신중하게 시간을 들여서 생각하고, 상대가 무엇을 느끼고 생각하는지를 천천히 바라보고 상상하며 상대의 마음과 세계에 도달하려 합니다. 정보를 검색할 때처럼 타인과 대번에 연결될 수는 없으니까 말입니다.

가령 대번에 연결됐다는 느낌이 들었다 해도 그 느낌은 다시 한번 점검할 필요가 있습니다. 타인과 진짜로 연결되고 싶다는 바람을 이루기 위해서라도 이러한 타인과 나 사이의 '거리'나 '시간'을 생각해야 하고, 또 타인을 이해하기 위한 '속도'를 생각해야 합니다. 그런 뒤에 우리가 어째서 타인과 손쉽게 연결될 수 없는지를 잠자코 들여다보아야 합니다.

라인에서 상대와 짧은 대화를 나누거나 이모티콘을 주고받는 행위가 아무리 즐겁다 해도 그것만으로 타인과 연결되고 싶다는 바람을 이룰 수는 없습니다.

제4장

'~답게' 살기의 폭력성

'나'답게 살기와 '누군가'답게 살기

친구나 주변 사람들에게 '너답지 않다'는 말을 들어본 적이 있습니까? 자신의 행동이나 말에 대해 주변 사람이 보여주는 반응으로서의 '너답지 않다'는 말…….

여기서 '너'로 표현된 '나'의 '나다움'이란 대체 무엇입니까? 그것은 나는 어떤 인간이고 평소 어떻게 말하며 다양한 상황에서 어떻게 행동하는지 등 나를 놓고 주변 사람들이 만들어놓은 지식입니다. 또 상대가 나를 이해하고 나와의 관계를 맺거나 끊을 때 중요한 근거가 되는 이해와 평가의 총체이지요.

나다움에 대해 나 자신도 받아들이고 그 내용을 인정한다면 "맞아. 당신이 말한 대로야"라고 대답할 것이고, 주위의 평가를 받아들이지 못하고 거부감을 느낀다면 "왜 그런 말을 해?"라고 반론을 제기할 것입니다.

어쨌든 나다움이라는 것은 나라는 인간 존재가 어떻게 살고 있는지, 살아야 하는지에 관한 질문을 놓고 만들어진 실천적 지식의 총체이며, 나라는 인간 존재에 대해 주변 타인에게서 나오는 이해나 평가로 이루어진 독자적 지식이라 할 수 있습니다. 그렇기 때문에 요즘 자주 쓰는 '나다움을 갈고닦자'는 말은 우리 각자를 향한 말이라고 이해할 수 있습니다.

그런데 세상에는 나다움과는 완전히 이질적인 '~다움'이 흘러넘칩니다. 그것은 나라는 개인의 인격이나 인간성과는 무관한 데서 나오는 지식 덩어리이며, 우리에게 누군가를 연기하고 누군가답게 살라는 완곡하지만 집요한 강요입니다.

미드는 사회적 자아는 'I'와 'me'의 역동적 관계라고 설명했습니다. 타인의 태도를 받아들이는 'me'는 누군가를 연기하고 누군가답게 적당히 사는 데 중요한 사회적 힘인 동시에 우리에게 전형적이고 과도한 '~다움'을 강요하는 미세한 권력이기도 합니다.

4장에서는 세상에 흘러넘치는 '~다움'에 내재된 문제에 관해서 젠더(사회적, 문화적 성 차이)를 주제로 이야기를 풀어볼까 합니다. 젠더를 벗어나서는 살 수 없는 우리 일상에 어떤 문제가 도사리고 있는지를 생각하면서 이야기하겠습니다.

'더 남자답게'라는 말

"아버지는 저에게 항상 더 남자다워지라고 말씀하셨어요."

얼마 전 세미나에 참가한 남학생이 이런 말을 했습니다.

"아버지는 어떠셨는데?"

"집에서는 무게만 잡고 아무것도 하지 않는 분이셨어요."

이 대답만 들어도 늘 '남자다워지라'는 이야기를 들었던 학생이 아버지를 좋게 평가하지 않는다는 것을 충분히 알 수 있었습니다.

집에서 아무것도 하지 않으면서 무게만 잡는 아버지에게 남자다움이란 그저 신체적, 육체적, 성적 남성성만을 의미하는 것은 아닐 테지요. 그분의 평소 행동을 통해 생각해보면 자신이 타당하다고 생각하며 살아온 사회적, 문화적 남성성 이를테면 젠더적인 남성다움까지 아들에게 요구하는 것입니다.

밖에 나가 일을 해서 가족을 부양해야 남자다. 그러니 나처럼 더 씩씩해져라! 남자는 밖에 나가 일하는 사람이니 집안일이나 육아, 부모 공양은 아내가 하면 된다. 집안일에 일일이 신경 쓰지 마라. 너는 나를 본받아 좀 더 씩씩해져야 한다. 무게만 잡는 아버지의 그런 요구가 제 귓가에도 맴도는 것 같았습니다. 남학생은 그런 아버지에게 상당한 거부감을 느끼고 있었으며 '나는 저렇게 되지 않겠다'며 아버지의 모습을 비판하고 부정적으로 받아들이고 있었습니다.

물론 지금 세상에 혼자서 모든 것을 할 수 있다고 생각하는 사람은 아무도 없을 것입니다. 상황에 따라 적절한 역할을 맡아 의식적, 무의식적으로 무언가를 함으로써 분업을 유지합니다. 그런 가운데 우리가 남성, 여성이라는 성별을 당연하게 받아들인 결과, 성별을 둘러싼 분업도 고착되었다고 생각할 수 있습니다.

다만 '무게만 잡는 아버지'라는 표현이 상징하듯 우리의 일상생활 세계에서는 전통적이고 인습적이며 한쪽으로 기울어 굳어버린 성별 분업이 이루어지고 있습니다. 이것이 지식으로서 분명히 자리 잡고 있는 것이 현실입니다.

이 순간에도 유효한
남성 지배적 성별 분업

여성 차별과 성 역할의 편중에 관해 날카롭게 분석하고 조사 연구한 에하라 유미코(江原由美子)[13] 씨는 《젠더 질서》(2001년)라는 책에서 일상 속 성별 분업의 본질적 문제성을 명쾌하게 밝혔습니다. 그녀의 이론을 세밀하게 살피기는 어렵지만, 본질적 문제점만을 거론하면 다음과 같습니다.

성별 분업이란 단순히 누가 무엇을 하면 좋을지를 나누어놓은 항목이 아닙니다. 그것은 누군가가 어떤 상황에서 다른 누군가에게 무엇을 어떻게 해야 하는지 상세하게 정해놓은 내용이며, 그것을 우리에게 강요하는 미세하지만 강고한 힘입니다. 그리고 우리의 일상에 당연한 듯 젖어 있는 성별 분업의 핵심에는 남성이

---

13   사회학자, 요코하마 국립대학(橫濱國立大學) 교수. 여성학, 젠더론, 이론사회학 전공.

여성을 어떻게 미세하고도 포괄적으로 지배할 수 있는지에 관한 지식과 힘이 숨어 있습니다.

예전에 인스턴트 라면 광고에 '나는 만드는 사람, 너는 먹는 사람'이라는 카피가 등장해 문제가 된 적이 있었습니다. 사이 좋아 보이는 커플이 등장했는데, 여성이 남성을 위해 맛있는 라면을 끓이는 장면이었습니다. 좋아하는 연인을 위해 싸고 맛있는 음식을 제공하는 즐거움을 느낄 수 있다는 것이 해당 광고의 콘셉트였던 것 같습니다. 하지만 단조롭고 경직된 성별 분업과 상대에 대한 애정은 전혀 별개의 차원입니다. 그렇기 때문에 그 카피는 밥 짓고 집안일 하는 것이 여성의 일이라는 인습적 여성관을 고정화했다고 하여 강력한 비판을 받았습니다.

그러면 지금은 남성의 가사 참여를 보여주는 광고도 많으니 남자는 밖, 여자는 안이라는 고정된 성별관이 사라졌다고 할 수 있을까요? 확실히 요즘 가전제품 광고를 보면 남자 배우가 주부 역할을 하는 일련의 장면들이 나오기는 합니다. 광고에서 보이는 성별 분업의 모습이 크게 변화한 것도 사실입니다. 그러나 지금 이 글을 쓰면서도 요즘 TV에 자주 나오는 한 광고가 자꾸 떠올라 견딜 수가 없습니다.

식탁 중앙에 놓인 회과육(回鍋肉)[14] 접시를 놓고 서로 많이 먹겠다고 신경전을 벌이는 아버지와 딸이 등장하는 광고입니다. 마지막 남은 고기 한 점을 딸에게 뺏긴 아버지가 분한 표정을 짓는 순간, 주방에서 프라이팬을 들고 나온 주부가 빈 접시에 새로 볶아 온 회과육을 가득 쏟아 담습니다. 부녀는 만족스러운 얼굴로 다시 허겁지겁 밥을 먹습니다.

식사 장면인데 왜 아버지와 딸만 밥을 먹습니까? 어머니는 왜 함께 먹지 않고 그들에게 계속 음식을 만들어서 내기만 할까요? 과거와 같은 카피는 사라졌지만, 이 광고가 그리는 식탁의 일상에는 '나는 만드는 사람, 너(너희)는 먹는 사람'이라는 변함없이 경직된 성별 분업이 분명하게 살아 있습니다.

---

14   비계가 있는 돼지고기를 삶았다가 간장과 식초로 간을 해서 야채와 함께 다시 볶은 중국 요리.

'이쿠맨'은 있는데 '이쿠조'는 없는 이유

'이쿠맨'[15]이라는 용어가 있습니다. 육아를 적극적으로 분담하는 남성을 가리키는 말로 신문, 잡지 등 언론에 자주 등장하지요. 저는 이 단어에 거부감이 있습니다. 아마도 '이쿠맨'은 배우자에게 일임하지 않고, 가능한 한 직접 육아에 참여하는 남성이 최근 늘고 있어서 등장한 단어 같습니다. 그 남성들을 높이 평가하면서도 가볍게 멋을 부린 호칭인 거지요. 멋지고 잘생긴 남자를 가리키는 '이케맨'의 어감을 살렸으니 이미지도 좋습니다.

물론 저는 이런 호칭이 점점 늘어나 결과적으로는 전통적이고 인습적인 성별 분업의 이미지가 파괴되고 더욱 다양하고 다채로운 남녀 협동 방식이 실현된다면, 그보다 좋은 것은 없을 거라고

---

15 육아의 육(育) 자와 남성의 man을 조합해 만든 일본 신조어.

생각합니다.

하지만 다른 한편으로는 남성의 육아 참여, 적극적 육아 분담이 애초에 가볍고 멋진 일이 될 수 있는지 의문도 듭니다. 아이가 변을 보면 장소가 어디건 가능한 한 신속하게 기저귀를 갈아야 합니다. 소변을 가득 빨아들여 뻣뻣해진 종이 기저귀를 방치할수는 없으니 오줌을 쌌다는 사실을 알아차리면 바로 새 기저귀로 갈아야 합니다. 모유를 먹이는 집이라면 냉장고에 한 번 먹을 분량으로 소포장해 냉동한 모유를 꺼내 정확한 시간에 해동해 먹여야 합니다. 밤중에도 몇 시간마다 깨서 우는 아이를 자다 말고 일어나 달래줘야 하지요.

이쿠맨을 소개하는 잡지 《그라비아》가 보여주듯 유모차에 아기를 태우고 공원을 멋지게 산책하는 것만으로는 남성이 육아에 참여했다고 결코 말할 수 없습니다. 물론 실제로 육아를 실천하는 남성의 대부분은 그 전까지 여성들만 느끼던 육아의 고통과 깊이를 체험함으로써 육아를 배우자와 함께하는 것이 얼마나 중요한지 실감할 것입니다. 그런 남성들은 자신을 굳이 이쿠맨이라 부를 필요도 없고, 세상의 평가에도 신경 쓰지 않습니다. 어떻게 잘, 효율적으로, 세심하게 육아를 실천할 것인지가 평소 관심사지요.

다시 말해 육아에 본격적으로 뛰어든 남성에게 육아는 특별한 사건 따위가 아니라 회사에서 하는 일이나 그 외의 다른 일과 마찬가지로 당연한 일상의 한 장면입니다. 이쿠맨이라는 단어에 드는 거부감은 육아라는 당연한 행위와 이쿠맨이라는 단어가 풍기는 뉘앙스의 격차에서 온다고 봅니다. 이 단어에서는 '육아에 참여하는 남성은 그것만으로도 무언가 특별하고 대단한 일을 하는 것이다. 그러니 남성들이여! 특별한 평가를 받기 위해서라도 육아에 참여해야 하지 않겠는가?'라는 뉘앙스가 느껴지기 때문입니다.

물론 아직도 육아, 교육에 대한 남성의 참여와 협동은 불충분합니다. 그래서 이쿠맨이라는 단어를 잘만 사용하면 한 명이라도 더 많은 남성을 육아라는 심오한 세계로 끌어들이는 모깃불 같은 역할을 할 수도 있습니다. 하지만 사실 남성의 육아 참여, 육아 분담은 특별히 호칭을 붙일 필요도 없이 당연한 것이 되어야 하고, 그런 표현이 의미를 잃어야 옳습니다.

그래야 비로소 성별 분업의 양성 균형이 실현되고 그 의미를 남성들도 이해하지 않겠습니까? 아쉽게도 성별 분업의 균형은 아직도 요원합니다. 육아를 담당하는 여성을 '이쿠조'[16]라고 부르지 않는 현실이 바로 그 증거입니다.

---

16   육아의 육(育) 자와 여성의 여(女) 자를 조합한 말.

여성 문제는 곧 남성 문제다

그러면 성별과 관련해 나다움이 충분히 살아 있는 일상을 창조하려면 어떻게 해야 할까요? 그 방향성은 분명합니다. 현재의 남성 지배적 성별 분업을 뿌리부터 다시 보고, 새로 만드는 것입니다. 성차별, 성 지배적 사회와 일상을 비판하고 여성 해방을 목표로 한 페미니즘 운동과 여러 이론의 영향을 받은 사회학, 가족 문제 연구 등 이미 수많은 연구 성과가 이러한 방향성을 반복 확인했으며, 그 방향으로 사회를 바꾸는 의의를 주장해왔습니다.

세상을 구체적으로 변화시키려면 세상의 형태를 규제하고 통제하기 위한 장치인 법률을 바꾸어야 합니다. 이 책이 법률에 관한 이야기가 아닌지라 자세히 언급하지는 않겠지만, 일본의 적나라한 현실 하나를 예로 들고자 합니다.

현재 일본에는 일정 연봉을 넘으면 배우자의 부양가족에 들어갈 수 없다는 법률이 있습니다. 만약 아내가 남편의 부양가족에서 제외되더라도 일을 하겠다고 한다면 피부양자로서의 세금 우대 조치가 없어집니다. 동시에 새로운 사회보험료를 부담하게 되어 경제적 부담이 급증하고, 그 결과 가계는 단숨에 압박을 받게 됩니다. 이런 사태를 피하려면 결과적으로 아내는 제한 내의 연봉으로 일할 수 있는 파트타임 노동을 선택할 수밖에 없습니다. 여성은 배우자, 아이들과 함께 살면서 하고 싶은 일이 있어도 쉽게 실현할 수 없도록 법률이 다양한 형태로 속박하고 있는 것입니다.

'여성이 빛나는 사회', '1억 총활약 사회' 등 현 정권[17]은 듣기 좋은 말을 잔뜩 했지만[18], 실상은 알맹이가 없는 공허한 슬로건만 내세운 꼴이었습니다. 진정으로 여성이 빛나고 모든 이가 자신이 원하는 자리에서 활약할 수 있는 사회를 만들고 싶다면, 여성에게 속박으로 작용하는 법률을 하나씩 찾아내서 옳고 그름을 가린 뒤, 불필요한 법률은 없애고 필요한 새 법률을 만들어야 합니다.

---

17 이 책이 출간되던 2016년 당시.

18 '1억 총활약 사회'란 2015년 10월에 출범한 제3차 아베 신조(安倍晋三) 내각이 내세운 핵심 정책으로 저출산, 고령화 현상에 제동을 걸겠다는 포부가 그 배경에 있었다. 50년 후에도 인구 1억 명을 유지하면서 모든 국민이 활약할 수 있는 사회를 지향했는데, 그 일환으로 여성의 활약이 중요 과제로 떠올랐다. 그러나 보육원 대기 아동 문제를 비롯해 실질적인 뒷받침이 이루어지지 않아 가시적 성과는 내지 못한 것으로 평가받는다.

정권이 그런 정치를 적극적으로 펼치려 하지 않는다는 것은 전통적이고 인습적인 '~다움'이 살아 있는 사회를 중요하게 여긴다는 의미 아닐까요? 여성이 빛나려면 우리 사이에 당연하게 존재하는 남성 지배적 일상을 뒤집어야 합니다. 법률뿐만이 아닙니다. 성별과 관련된 온갖 일상적 속박은 주도면밀해서 거스르기 어렵습니다.

이 같은 속박에 묶여서는 여성이 진정으로 빛날 수 없습니다. 나아가 법률을 바꾸려면 보다 일상적이고 광범위하게 퍼져 있는 성별에 관한 당연함, 즉 여성다움과 남성다움을 둘러싼 상식을 바꾸어야 합니다. 이 상식의 재조명, 변혁이라는 행위는 사실 우리 각자가 자신의 생활을 점검하는 가운데 펼칠 수 있기에 더욱 중요합니다. 저는 이 점을 강조하고 싶습니다.

남성 지배적 성 역할을 변혁하는 작업에 남성이 앞장서야 하며, 그래야 진정 가치 있는 작업이 된다고 말입니다. 이것은 여성의 삶, 가족의 양상을 연구하는 사회학의 세계에서는 상식입니다. 여성 문제란 곧 남성 문제라는 것이지요. 남성이 변하지 않으면 여성도 변할 수 없고, 우리의 일상도 더 풍부한 '~다움'을 창조하고 실천하는 방향으로 변할 수 없습니다.

풍부한 '~다움'과 '실질적 평등'

일상의 삶이라는 차원에서 남성 지배적인 성별 분업을 따질 때, '남녀평등'이라는 방향성을 제시하는 사람들이 있습니다. 이것은 옳은 방향일까요?

젊은 시절, 함께 사회학을 연구하던 한 친구는 자주 이런 말을 했습니다. "나는 여성 문제도 이해하고 아내의 고통도 잘 알아. 그렇기 때문에 나는 아내와 완벽히 평등하게 가사를 분담하고 있어." 친구는 자신의 행동을 자랑스럽게 여기는 것 같았습니다.

사실 저는 그 말을 들을 때마다 반론하고 싶은 마음을 꾹 누르느라 갖은 애를 썼습니다. '아하! 평등하게 가사를 분담하신다? 남녀가 평등하게 살 수 없는 세상에서 가사만 평등하게 분담하면 너와 네 아내의 관계는 평등한 거냐?'라는 생각이 치밀어 올랐기 때문입니다.

하지만 그런 말을 하면 상대가 성을 내며 달려들 것이 뻔해서 "그래? 가사 분담은 남녀 관계를 고민하는 중요한 실마리니까 좋은 시도지. 그런데 가사 분담만 평등하게 한다고 문제가 해결되는 건 아니잖아"라며 상대의 노력을 인정하면서도 살짝 빈정댔던 기억이 납니다.

왜 그랬을까요? 아마도 그 친구의 말에서 가사 분담이라는 옳은 일을 하는 자신을 높게 평가해달라는 이른바 인정 욕구를 느꼈기 때문일 겁니다. 형식적 평등에 불과한 행위인데도 말입니다. 생각해보면 앞서 나왔던 '이쿠맨'과 뿌리가 같은 문제입니다.

가사나 육아, 부모 봉양 등 사람을 키우고 보살피는 중요한 노동은 배우자와 함께하는 것이 당연합니다. 그런데 '나는 이 일을 할 테니 너는 그 일을 하라'는 식, 또는 '각자의 생활 중 똑같은 시간만큼만 가사를 하자'는 형식적 분담으로는 '실질적 평등', '대등한 관계'를 지향하는 삶을 실현할 수 없습니다.

서로가 어떻게 한 인간으로서 일하고, 살아가고 싶은지를 같이 고민해야 합니다. 배려하면서 함께 모색하고 협동해야 한다는 얘기입니다. 배우자와 실질적 평등을 이루려면 어떻게 해야 될까요? 이렇게 하면 된다는 전형적 매뉴얼은 없다고 생각합니다. 우리 각자가 눈앞에 있는 친근한 타인인 배우자와 어떤 관계를 만들지를 항상 생각하고, 자신의 생활 터전에서 실질적 불평등과 억압을 힘닿는 데까지 무효로 만들기 위해 노력하는 것이 중요합니다. 끊임없이 시행착오를 거치며 모색하는 노력이야말로 중요하지 않을까요?

쉬츠는 일상을 당연하게 살아가려면 타인을 유형으로 이해하고 순간순간을 넘기기 위한 처방전으로서의 실천적 지식이 중요하다고 말했습니다. 처방적 지식을 이용한 타인 이해는 확실히 필요하고 중요합니다. 하지만 부부가 일상의 상황에서 서로를 '부인과 남편', '엄마와 아빠'라는 유형만으로 만난다면 그 관계는 '식어버린 부부 관계', '완벽히 분리된 부부 관계', '냉랭한 부부 관계'라고 불러야 할 겁니다.

우리는 '지금, 여기'에 살아 있는 한 사람으로서 종합적인 존재인 당신과 만납니다. 그러니 유형을 적용하지 않아도 배우자가 부부 관계나 부모·자식 관계, 가사, 육아, 교육, 부모 봉양 등으로 얼마나 힘들고 고통스러운지를 느끼고 이해할 여지가 충분합니다.

여성에 대한 억압과 불평등이 제도적으로 고착된 사회, '남자는 밖, 여자는 안'이라는 말이 상징하는 전통적이고 인습적인 '~다움'의 상식이 확고하게 살아 있는 일상은 참으로 굳건하고 만만치 않습니다.

그래도 그런 사회와 일상을 사는 우리가 변화를 포기한다면,

그 순간 모든 것은 끝입니다. 제가 근무하는 대학의 취업과에는 학생들의 구직 활동을 응원하는 메시지가 붙어 있습니다. '포기하면 그걸로 끝이다.' 마찬가지입니다.

특히 지금 이 책을 읽고 있는 젊은 남성들에게 하고 싶은 말이 있습니다.

"과도하고, 편향된 '남성다움'을 조심하십시오. 과연 남성다움은 여성과 함께 살아가면서 서로에게 필요한 '~다움'일까요? 여성을 지배하고 소유하고자 하는 욕망을 채우는 데 필요하다는 이유로 남성다움을 실천하면 한 인간으로서 자신의 가치가 높아집니까? 가령 남성다움을 실천해서 자신의 생활이 알차고 풍요로워지는 느낌을 받는다 하더라도 그 느낌은 누군가의 희생과 인내 위에 세워지지 않았습니까?"

이런 점들을 포기하지 말고 천천히, 차근차근 생각하며 주위로부터 슬그머니, 그러나 집요하게 요구되는 '~다움'에 관한 지식과 힘을 다시 따져보고, 상대화해야 합니다. 그래야 풍요로운 '~다움'을 창조할 수 있습니다.

'LGBT'라는 기호

지금까지 남성다움과 여성다움에 관한 이야기를 했습니다. 4장을 마치면서 시선을 조금 돌려 또 다른 중요한 문제를 짚어보려 합니다.

요즘 성적 소수자 문제에 사람들의 관심이 쏠리고 있습니다. 대학의 제 세미나에서도 성적 소수자 문제로 졸업논문을 쓰고 싶다는 학생들이 매년 나옵니다. 물론 최근에 불거진 주제는 아닙니다. 훨씬 오래전부터 성과 관련한 일상을 생각할 때 중요하게 여겨지던 문제였지요. 그래도 최근 들어 언론 보도 등을 통해 부쩍 관심이 커졌다는 인상을 받습니다. 왜 그럴까요? 그 이유를 생각해봅시다.

우선 이런 부분을 지적할 수 있겠습니다. 성적 소수인 당사자들이 호모포비아(동성애 혐오, 동성애 기피)라는 차별 및 소외에 대해 자신들의 고통을 알리고 있기 때문입니다. 그들은 이제 침묵하며 참지 않고, 모두가 고민해야 하는 중요한 문제라고 세상을 향해 공개적으로 주장하고 이의를 제기합니다.

또 하나의 이유는 그러한 사실을 전달하고 이 문제를 언급할 때 사용하는 편리한 표현이 생겼기 때문일 수도 있습니다. 바로 'LGBT'라는 단어입니다. 신문 보도에서도 'LGBT 사람들' 같은 형태로 자주 등장하지요. L은 여성 동성애를 가리키는 레즈비언(lesbian), G는 남성 동성애를 뜻하는 게이(gay)이며, B는 양성애인 바이섹슈얼(bisexual), T는 육체적인 성과 정신적으로 느끼는 성이 일치하지 않는 트랜스젠더(transgender)를 나타냅니다. 다양한 성으로 살아가는 사람들을 나타내는 영어 단어의 첫 글자를 딴 약어로, 이성애를 당연하다고 보는 사람들로부터 성적 소수자들을 따로 묶어 정리하기 위한 기호로 쓰이지요.

게이, 호모섹슈얼, 레즈비언 같은 단어에는 우리의 당연한 지식 탓에 이미 온갖 왜곡된 의미의 꼬리표가 달려 있습니다. 그 꼬리표를 떼고 쓰기가 어려울 정도입니다. 그래서 LGBT라는 기호는 마치 이에 해당하는 사람들을 객관적이고 중립적으로 지칭하는 듯한 인상을 주고, 그 덕에 손쉽게 사용할 수 있습니다.

하지만 그런 인상은 그야말로 인상에 불과합니다. 우리가 우리의 당연한 지식을 변혁하는 데 실패한다면 'LGBT 사람들'이라는 말에도 새로운 편견이나 왜곡된 인식이 따라붙고, 갖은 낙인이 찍힐 수 있습니다.

'성적 소수자'라는 표현의 오류

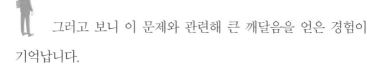 그러고 보니 이 문제와 관련해 큰 깨달음을 얻은 경험이 기억납니다.

쓰쿠바(筑波) 대학에 근무하던 시절, 어떤 남학생이 대학원 진학에 관한 상담을 하러 저를 찾아온 적이 있었습니다. 그는 자신이 게이인데 평소 그 점을 분명히 밝혀왔으며 대학원에서 동성애 문제를 사회학적으로 연구하고 싶다고 했습니다.

저는 학생에게 성적 소수자의 당사자로서 그 문제를 어떻게 생각하느냐고 물었습니다. 그랬더니 그는 자신을 마이너리티 (minority)로 생각한 적이 별로 없다고 대답했습니다. 깜짝 놀란 제가 무슨 말이냐고 되묻자, 그는 자신의 일상에 관해 들려주었습니다.

"저희 대학에 게이 동아리가 있어서 저도 자주 친구들과 소통하고 활동하거든요. 그 동아리 회원이 100명이 넘다 보니 함께 있으면 내가 마이너리티라는 느낌이 별로 들지 않아요."

도쿄에 있는 명문 사학을 다니는 학생이었습니다. 저는 그 이야기에 새삼 눈이 번쩍 뜨이는 느낌이었습니다. 학생 수가 만 명을 넘는 대학에서는 게이 동아리 회원이 100명을 넘는다 한들 전혀 이상할 바 없습니다. 그리고 실제로 그만큼 많은 동료, 친구와 빈번히 교류한다면 자신을 마이너리티라고 생각할 이유가 없겠지요. 성적 소수자이기는 하지만, 마이너리티는 아니다…….

그가 돌아간 뒤, 그가 한 말을 떠올리며 우리가 깊이 생각하지도 않고 그들을 성적 소수자라 부르는 사실이 갖는 의미에 대해 따져봤습니다. 어떤 사람을 마이너리티라 판단하고 부를 때, 우리가 어떤 위치에 있는지를 말입니다.

분명 우리는 자신을 메이저리티(majority)라 생각하면서 그 안에 자신의 위치를 정합니다. 하지만 마이너리티인지 메이저리티인지는 많고 적고를 따지는 숫자 차원의 문제가 아닙니다. 사람들은 메이저리티 즉 대부분의 사람이 포함된 테두리 안에 숨은 지배적 관점과 가치관을 신봉하고, 지켜야 할 규범을 준수하는 과정을 통해서 자신들과 이질적인 존재를 보면 마이너리티라 판단하고 있습니다.

물론 우리가 메이저리티 중 한 사람으로서 현실을 이해하는 지배적 관점이나 현실 해석을 둘러싼 가치 등 다양한 지식에 따라 생각하고 느끼고 행동하는 것은 매우 당연하고 자연스러울 수 있습니다. 다만 문제는 우리가 당연하게 준수하고 준거하는 지배적 지식 속에는 자신과 이질적인 존재인 소수자에 대한 자의적이고 비합리적인 오해와 단정이 가득하다는 점입니다.

그리고 또 하나의 인간, 또 하나의 타인으로서 성적 소수자와 마주하고 교신하며 교류할 때, 그러한 오해와 단정을 가볍게 상식적 지식에 포함시키는 행위야말로 더 큰 문제입니다. 그 오해와 단정이 교신과 교류에 얼마나 방해가 되는지 깊이 생각하지도 않고 말입니다.

지금도 동성애 등의 성적 소수자에게 노골적 혐오나 기피감을 드러내는 사람들이 있습니다. 하지만 섹슈얼리티나 젠더에 관한 인식이 최근 크게 변화하는 가운데, 그들에 대한 이해, 자세, 대응도 크게 변하고 있습니다. 노골적 소외나 혐오는 한 인간으로서 부끄러운 짓이라는 인식도 퍼지고 있지 않습니까?

그렇기 때문에 그 남학생이 가볍게, 하지만 진지하게 의미를 담아 던진 '성적 소수자이지만 마이너리티는 아니다'라는 말이 무엇을 의미하고, 무엇을 호소하는지 곰곰이 생각해봐야 합니다.

제5장

나와 '다른'
타인과 만나는 법

'신쇼'에 숨은 이중 차별성

저는 대학에서 문화사회학을 강의할 때, 차별 문제를 중심 주제로 다룹니다. 일상적 차별이나 소외를 마주하면서 그것을 어떻게든 변화시키려는 태도야말로 문화를 고민하는 기본자세이고, 더 바람직한 문화를 창조하는 시발점이라고 생각하기 때문입니다.

가끔 수강생들에게 리포트를 제출하라고 하는데, 리포트를 읽어보면 '신쇼'[19]라는 단어가 비교적 자주 등장합니다. 초등학교 때부터 중학교를 거쳐 고등학교에 다니는 동안, 동작이 느린 아이나 다른 사람보다 천천히 반응하는 아이, 둔한 아이를 보면 그 단어를 써서 놀렸다는 내용이 많습니다. 대부분은 누군가를 놀리거나

---

19   '신체장애인'에서 '신'과 '장'을 빼내 조합한 '신장(身障)'의 일본어 발음.

무시할 때 사용했거나 다른 아이들이 사용하는 것을 지켜본 적이 있다고 말합니다. 그리고 그저 생각 없이 가볍게 놀렸을 뿐이며, 상대를 완벽히 차별하려는 의도는 없었다고도 덧붙입니다. 그러다가 리포트를 쓰면서 당시의 친구 관계를 되짚어보게 되지요.

그 학생들은 일상적 차별과 소외가 무엇인지 강의를 통해 고민하는 과정에서 자신이 한 행위의 중대함을 깨닫고, 자신이 한 짓이 나빴다고 반성도 하게 됩니다. 이제 그 '신쇼'라는 단어를 곰곰이 살펴봅시다.

'신쇼'는 '신체장애인'을 줄인 데서 유래한 단어입니다. 어떤 문맥에서 사용되는지는 생각지 않고 겉보기에만 주목하면 단순한 줄임말에 불과하지만, 말은 생물입니다. 따라서 '신쇼'라는 말이 평소 당연하게 여기던 기준에서 남을 판단하고, 그 기준에서 벗어난 타인을 놀리고 무시하는 데 사용된다는 점을 고려해야 합니다. 항상 남보다 높은 곳에서 상대를 내려다보며 일상을 살고 싶어 사용하는 단어라고 할 수 있습니다.

그런데 학생들은 어째서 '신쇼'라는 단어를 썼을까요? '너의 동작을 보고 있으면 답답하다. 장애인을 보는 것 같다'는 의미일까요? 그러면 왜 직접 '장애인'이라고 말하지 않았을까요? 장애인이라는 단어를 그대로 쓰면 장애인이 아닌 상대를 강제로 단정하게 되기 때문입니다. 그러면 왜 그렇게 불렀는지, 상대를 그렇게 단정한 이유에 대한 설명 또는 책임 따위가 단어를 사용한 쪽에 발생하지요. 더는 가벼운 기분으로 놀릴 수 없어집니다.

"나는 장애인이 아니야. 그런데 왜 나를 장애인이라 부르니?"라고 상대가 반론하면 단순한 놀림의 영역을 넘어선다는 말입니다. 그렇기 때문에 일부러 '신쇼'라는 말을 써서 장애인은 아니지만, 자신들과 다르고, 그 다른 부분은 문제가 있으며, 바로 네가 놀림받는 이유라는 의도를 모호하게 드러냅니다. 일상적 대화 속에서 그 차별적 의미를 흐지부지 얼버무리는 것입니다. 예컨대 "나는 신쇼가 아니야. 왜 나를 신쇼라 부르니?"라는 반론을 들었다 해도 "와하하! 신쇼, 신쇼!"라고 계속해서 부르면 그저 놀리는 행위로 끝난다는 것이지요.

여러분도 이러한 행위의 이중적 차별성을 잘 아실 겁니다.

첫 번째 차별은 자신들의 기준에 맞지 않는 상대를 이 단어로 규정해 차별하는 것입니다. 두 번째 차별은 차원이 더 깊다고 할 수 있는데, '신쇼'라는 단어에 담긴 의미 때문입니다. '신쇼'는 단순한 줄임말이 아닙니다. 이 말에는 신체장애인, 장애인은 우리들의 당연한 기준에서 벗어나 있을 뿐 아니라 '그들은 이런 존재다'라는 오해와 단정이 숨어 있습니다. 무엇보다 이 단어는 우월한 지위에서 장애 있는 사람 모두를 차별하기 위해 만들어졌습니다. 즉 자신들의 우월함을 확인하는 동시에 가까운 누군가를 무시하기 위해 쓰는 말입니다.

다시 말해 신쇼는 일상적으로 사용됨으로써 눈앞에 있는 누군가를 놀릴 뿐 아니라 눈앞에 없는 다수의 장애 있는 사람을 무시하고, 조롱하며, 그 존재를 통째로 단정함으로써 차별을 실현합니다.

5장에서는 이렇게 차이가 있는 타인과 어떻게 마주할 수 있을지를 다루려 합니다. 특히 장애라는 차이를 놓고, 내가 타인과 만나는 법에 관해 생각해보겠습니다.

노멀라이제이션: 당연한 사회 만들기

대학 강의에서 장애인 문제를 다룰 때, 저는 항상 두 가지 기본 요소에 대해 짚고 넘어갑니다. 하나는 노멀라이제이션(normalization)이고, 또 하나는 메인 스트리밍(main streaming)입니다. 세계적으로 공통되는 기존의 두 가지 큰 흐름이지요.

장애인 문제와 나의 관계를 따져볼 때 반드시 살펴보아야 하는 부분입니다.

노멀라이제이션. 사전을 찾아보면 '정상화'라는 설명이 나옵니다. 그런데 무슨 뜻인지 쉽게 이해되지 않습니다. 대체 무엇을 정상으로 만든다는 의미일까요? 또 무엇이 정상이 아니라는 말일까요? 대답은 의외로 간단합니다. 사회, 우리가 평소 살아가는 세상을 '정상화'한다는 뜻입니다. 신체에 장애가 있는 사람이 지금 사회에서 당연하게 살아갈 수 있습니까? 과거보다야 꽤 살기 좋아졌을 테지요. 하지만 눈이 보이지 않아 쇼핑에 불편을 겪거나 걷지 못해 교통수단을 자유자재로 이용하지 못하는 불편을 강요받는 상황은 지금도 존재합니다.

노멀라이제이션이란 이러한 현실에 비추어 사회를 '정상적인 상태로 바꾸자'는 발상, 시각, 사상입니다. 노멀라이제이션은 장애가 있는 사람이 일상을 살면서 불편하고 어렵다고 느낄 때, 그 원인을 그 사람의 존재에서 찾지 않습니다. 눈이 보이지 않는 장애 때문에 쇼핑이 어렵다는 생각은 잘못되었다는 말입니다. 장애 때문이 아니라 눈이 보이지 않는 사람이 자유롭게 쇼핑할 수 없는 사회가 문제이며, 그들이 감수해야 하는 불편, 부자유, 고통의 원인은 사회에 있다고 생각한다는 것이지요. 장애가 있는 사람에게 불편이나 고통을 강요하는 것은 바로 '정상이 아닌' 현재 사회와 세상입니다. 그렇기 때문에 사회와 세상을 '정상적인 상태'로 만들어야 합니다.

저는 노멀라이제이션을 '당연한 사회 만들기'라고 설명합니다. 장애 있는 사람들도 당연하게 살 수 있는 사회를 어떻게 실현할 수 있을지 함께 고민하고 풀어나가야 합니다.

메인 스트리밍: 사회의 주요 흐름 속으로

메인 스트리밍이란 '사회의 주요 흐름 속으로'라는 뜻입니다. 그러면 대체 누가 주요한 흐름 속으로 들어간다는 것일까요? 두말할 필요 없이 장애 있는 사람들을 말합니다.

이 말은 기존에 사회의 한구석 또는 주변에서 살아야 했던 장애 있는 사람들이 차별이나 소외에 정면으로 이의를 제기하고, 다양한 활동을 펼치는 과정에서 한 명의 시민, 한 명의 인간으로 살아가기 위해 사회의 중심, 사회의 주요 흐름 속으로 자신의 존재를 던지는 움직임을 상징합니다. 그 움직임은 곧 장애 있는 사람들의 당사자 운동입니다. 당사자가 사회에 적극적으로 호소함으로써 사회를 변화시키고자 하는 운동이지요. 그리고 이 당사자 운동은 앞서 언급한 노멀라이제이션을 현실화하는 중요한 노력이기도 합니다.

이번에는 사회의 주변에 살 수밖에 없다는 말의 구체적 의미를 살펴보겠습니다. 2년 전, 어느 대형 복지시설로 강연을 갔습니다. 그 시설은 역에서 조금 떨어진 산속에 있었습니다. 시설 입구쪽에 매우 청결해 보이는 고령자용 생활공간이 있었는데 각 층은 색조가 잘 맞춰진 데다 깨끗하기까지 해서 살기 좋은 환경이었습니다. 그곳에 거주하는 노인들도 매우 즐거워 보였습니다.

관계자가 다른 건물도 안내해주겠다고 해서 더 높은 데로 올라갔습니다. 건물을 하나씩 지날 때마다 거주자들의 장애 정도는 점차 심해졌고, 새로운 건물에 들어설 때마다 공기도 바뀌었습니다. 학교 보건실 같은 냄새로 가득했습니다. 최고 중증 장애가 있는 노인들의 숙소에 도착했을 때는 한 할머니가 복도에 쭈그리고 앉아 수발을 드는 스태프에게 막무가내로 고래고래 고함을 지르고 있었습니다. 건물 전체에 크레솔 냄새가 진동했습니다. 노인들은 1인실을 썼는데 방은 침대가 반 이상을 차지할 만큼 좁았고, 문에는 밖에서 안을 들여다볼 수 있는 작은 창이 뚫려 있었습니다. 그 작은 방의 침대에는 예외 없이 장애 노인이 홀로 우두커니 앉아 있었습니다.

'대체 이곳에는 어떤 일상의 삶이 있을까?' 하는 의문이 절로 들었습니다. 필시 각자 사정이 있어 시설에 들어오게 되었을 테지요. 하지만 이 거대한 시설을 방문해도 이 건물을 찾아오지 않는 한, 후미진 산속의 콧구멍만 한 방마다 중증 장애가 있는 노인이 들어앉았다는 사실은 아무도 모를 거라는 생각이 들었습니다. 지역 주민들도 알 수가 없었습니다. 관심을 주고 주의를 기울이는 이 하나 없이, 그들은 사회의 주변으로 내몰려 살아가고 있었던 것입니다.

사실 과거 일본의 실정을 떠올려보면 특별한 사례도 아닙니다. 그런 시절을 거쳐온 우리에게는 어쩌면 당연한 풍경입니다. 하지만 사회 한구석에 몰려 관리당하는 당사자들로서는 참을 수 없는 일입니다. 그래서 자신들을 장애인으로 관리하고 소외하며 차별하는 당연한 일상에 대해 항의하고 이의를 제기하는 사람들이 나왔습니다. 그들을 고통스럽게 하는 당연한 지식과 규범, 사상과 투쟁하면서 그것을 변혁하려는 것입니다.

일본은 장애인 해방운동에 오랜 역사가 있습니다. 여기서 그 역사를 모두 언급할 수는 없지만, 지금 이 순간에도 당연한 일상을 변혁하기 위한 움직임이 조금도 퇴색하지 않고 빛을 발하는 중이라는 사실을 꼭 짚어두고 싶습니다.

우리는 사랑과 정의를 부정한다!

사랑과 정의를 부정한다……. SF 영화나 애니메이션에 등장하는 악의 제왕이나 절대 악의 상징이 내뱉는 대사 같지만, 그렇지 않습니다.

1970년대 이후 사회의 변혁을 호소한 장애 있는 당사자들은 자신들도 인간이라는 사실을 내세우며 급진적 주장을 펼쳤습니다. 그중에 폭넓은 활동을 실천해온 뇌성마비(CP)인 운동단체인 '푸른 잔디 모임'이 있습니다. 사랑과 정의를 부정한다는 말은 이 푸른 잔디 모임이 내세운 행동 강령 중 하나입니다.

장애인 문제를 다룰 때 이 행동 강령이 지니는 의미를 따져보는 작업은 기본 중의 기본입니다. 행동 강령에는 사랑과 정의를 부정하는 외에 '우리는 자신이 뇌성마비인임을 자각한다', '우리는 강렬한 자기주장을 펼친다', '우리는 문제 해결의 길을 고르지 않는다', '우리는 건전자(健全者) 문명을 부정한다'는 항목이 있습니다. 장애인임을 자각하고, 사랑과 정의를 부정하며, 강렬한 자기주장을 펼치면서도, 문제 해결의 길을 고르지 않고, 건전자 문명을 부정하겠다는 내용입니다.

그들이 이런 급진적 주장을 하게 된 데는 계기가 있었습니다. 1970년, 한 어머니가 장애 있는 자신의 아이를 살해한 사건이 있었습니다. 당연히 어머니는 살인죄로 재판을 받았습니다. 그러자 '아이를 죽인 것은 잘못이지만, 장애아를 혼자 키우는 고통과 고단함은 이루 헤아릴 수 없다. 그 점을 크게 동정해야 하며, 어머니의 마음을 헤아리고 고통을 고려해 감형해야 한다'는 탄원이 쇄도했습니다. 이 같은 세간의 움직임에 마음 깊은 곳에서 끓어오르는 분노를 느낀 이들이 있었습니다. 장애가 있는 사람들이었습니다.

'육아의 고통을 견디지 못해 장애가 있는 제 자식을 죽였다는 말인가? 그렇다면 그 고통의 근원이었던 장애를 가진 자식이 애초에 없었어야 했나? 중증 장애아는 죽여도 된단 말인가?'

자신들의 존재를 너무나도 쉽게 부정하는 세상의 당연한 사고방식을 접한 푸른 잔디 모임의 회원들은 자신들의 존재를 있는 그대로 내보이며 이의를 제기합니다. 이와 관련해 당시 상황을 기록하고, 그들의 사상과 인생을 그린 〈사요나라 CP〉(하라 가즈오

原 一男 감독, 1972년)라는 걸작 다큐멘터리가 있습니다. 역 앞 행인들에게 전단지를 나눠주며 활동 자금을 모금하는 뇌성마비인들과 그들을 멀찍이서 에워싸고 바라보는 수많은 행인. 다큐멘터리에서는 모금에 동참한 사람들을 인터뷰하여 영상에 담았습니다. 사람들의 대답은 다양했는데, 반복적으로 등장한 표현이 '불쌍하니까', '너무 딱해서'였습니다. 그러면서 '우리는 사지육신이 멀쩡하지만, 저들은 그렇지 않으니 불행하고, 가엾다. 어떻게든 도와주고 싶다'는 이야기를 했습니다.

처음 이야기로 돌아가 봅시다. 장애 있는 당사자들이 부정하려 한 사랑과 정의는 사실 표면적 의미가 아니었습니다. 그들을 불쌍하다고 단정하고 동정과 연민의 대상으로만 삼으려 하는 '사랑'을 거부한 것이고, 기존의 가치와 내려다보는 높은 위치를 전혀 바꾸려 하지 않으면서 가여운 존재에게 구원의 손길을 내미는 행위를 선한 행위로 규정짓는 '정의'를 거부한 것입니다.

장애 있는 사람들을 '또 하나의 타인'으로 보고, 경직된 편견과 편협한 오해로부터 해방시키며, 매 순간 자유롭게 타인으로서의 관계를 구상할 수 있는 사회가 진정한 의미의 당연한 사회입니다. 그렇다면 행동 강령이 제시한 사랑과 정의는 그들을 또 하나의 타인으로 절대 인정하려 하지 않는 왜곡된 감정과 가치라 할 수 있습니다. 그리고 이러한 사랑과 정의가 진짜라고 믿는 수많은 비장애인 중심의 문명, 이른바 건전자 문명도 장애 있는 사람들을 고통스럽게 하는 원흉입니다.

2016년 4월, 일본에서 장애인차별해소법이 시행되었습니다. 다양한 차별과 소외 현상에 관한 대응이 매우 둔한 일본의 정치 상황 속에서 그 변화는 주목해 마땅합니다. 이제 일본에서도 해외에서 들어온 장애인 자립 생활 운동, 장애인 자립에 관한 사상 및 실천이 상당한 진전을 보이고 있습니다. 우리의 일상 속 의식과 상식적 지식 속에 장애 있는 사람들을 또 하나의 타인으로 자리매김하는 의미와 가치를 사람들이 조금씩 알아가는 것 같습니다.

다만 장애 있는 사람들을 동정과 연민의 대상으로만 대하는 '사랑'과 '정의'에 내재된 차별과 소외의 시선은 앞으로도 끊임없이 고쳐나가야 합니다. 그것이 그들과 우리의 관계성을 생각하는 기본입니다. 바로 그 점을 푸른 잔디 모임의 행동 강령은 분명히 드러냅니다.

장애인 문제를 생각하는 기본에 관해서 언급했으니 이제 화제를 조금 돌려보겠습니다.

장애인 스포츠는
장애인을 위한 스포츠일까?

요즘은 예전보다 장애인 스포츠에 대한 관심이 크게 높아졌습니다. 며칠 전에도 장애인 육상 선수를 양성하는 대학이 생겼다는 신문 기사를 보았습니다. 지금은 올림픽이 끝난 뒤 패럴림픽이 개최된다는 사실을 모르는 사람이 없지요. 1960년대, 제가 초등학교 시절에는 TV에서 패럴림픽 관련 보도를 본 적이 없었습니다.

장애인 스포츠가 최근 주목받게 된 이유는 무엇일까요? 일본인 선수들의 두드러진 활약이 최대 원인이겠지만, 언론 보도 등을 보면 주목의 질이 바뀌었다는 생각도 듭니다.

두 개의 스키 판에 올라타고 급경사면을 활주하는 장애인 스키, 상반신의 근력을 최대치로 발휘하는 휠체어 마라톤, 절묘한 휠체어 조작으로 상대가 받아치지 못할 곳에 공을 꽂아 넣는 휠체어 테니스. 휠체어에 탄 채 격렬히 부딪치며 공을 뺏고 빼앗기는 휠체어 농구……

TV 등을 통해 장애인들이 스포츠를 하는 모습이 방영되면서 그들이 보여주는 몰입한 모습과 진지함, 경기이자 스포츠로서의 세련된 면모를 볼 때마다 새삼 놀라고 감동합니다. 왜 놀라고 감동할까요? 다양한 장애가 있지만, 그것을 극복하고 자신의 육체와 정신을 갈고닦아 스포츠 규정을 준수하며, 그 속에서 더 높은 곳을 향하는 장애인들의 반듯한 모습이 인간으로서 아름답다고 느끼기 때문일 것입니다.

그러한 감동이 통상적인 스포츠 선수를 보며 느끼는 감동과 완벽히 동일한 정서에서 유래하는지, 그렇지 않은지를 검토하는 일은 장애인 문제를 생각하는 데 있어 대단히 중요합니다. 다만 여기서는 조금 다른 시각에서 장애인 스포츠를 생각해보려 합니다.

아까 주목의 질이 바뀐 느낌이라고 했습니다. 언론 보도 등에서 장애인 스포츠에 대한 고정관념이 무너지고 있다는 느낌이라 해도 좋겠습니다. 휠체어 농구 경기를 보면서 이런 생각을 했습니다. '다리나 하반신에 장애가 있는 선수들이 휠체어를 보란 듯이 조작해서 농구 경기를 한다. 그런데 이 경기는 장애 있는 사람만 참가할 수 있는 스포츠일까?'라고 말입니다. 하반신에 장애가 없는 사람도 어떤 형태건 하반신을 고정하고 휠체어에 탈 수 있다면 휠체어 농구라는 경기를 뛸 수 있을 것 같다는 생각을 한 것이지요.

블라인드 사커(blind soccer) 경기를 보면서도 같은 생각을 했습니다. '저 경기는 시각 장애인만 할 수 있을까?'라고 말입니다. 눈이 보이지 않게 조치하면 시각 장애인이 아니라도 블라인드 사커를 할 수 있을 것 같았습니다.

이런 생각 끝에는 다음과 같은 의문이 있습니다. '과연 장애인 스포츠는 장애가 있는 사람만을 위한 스포츠일까?'

장애가 있는 신체 부위, 그리고 그 경중 등을 구분해 치르는 수영 같은 경기는 정말 장애 있는 사람들을 위한 경기라 할 수 있습니다. 하지만 우리가 한데 묶어 지칭하는 장애인 스포츠는 '장애 있는 사람만을 위한 것인가'라는 의미에서 다 같지는 않습니다. 경기 방법을 고민하면서 만들어낸 차이와 개성이 다양하지요. 그래서 휠체어 농구는 주로 장애 있는 사람들이 하는 경기지만, 장애인 농구가 아니라 휠체어 농구라 불립니다. 블라인드 사커도 시각 장애인 축구가 아니라 블라인드 즉 눈이 보이지 않는 상태에서 하는 축구라 부릅니다.

이런 시각으로 접근하면 장애인 스포츠에 대한 기존의 당연한 지식을 크게 흔들 수 있습니다. 예를 들어 제가 블라인드 사커를 한다고 칩시다. 눈을 가리면 시각 장애가 있는 선수와 대등하게 경기할 수 있을까요? 아마 불가능할 겁니다. 잘하는 선수에게 거추장스러운 존재가 될 게 뻔합니다. 시야를 차단한 채 주위 사람의 목소리와 그 외 소리를 구분해 듣고, 상황을 순간적으로 판단해 다음 플레이로 넘어갈 수 있는 능력에서 저는 시각 장애인 선수보다 훨씬 뒤처지기 때문입니다.

제가 잘하고 싶다면 시야가 차단된 상태에 익숙해지고, 앞이 안 보이기 때문에 더 잘할 수 있는 부분이 무엇인지를 깨닫고 그 부분을 단련해야 합니다. 즉 블라인드 사커라는 경기 현실에서는 보이는 것에 대한 상식이나 가치가 모두 무효가 된다는 뜻입니다. 그러니 저는 앞이 보이지 않는 상태에서 어떻게 플레이할 수 있을지를 생각해야 하고, 보이지 않는 것에 대한 상식과 가치를 정면으로 마주해야 합니다.

이런 상황이 펼쳐지면 경기 규칙을 지키고 규율을 엄격하게 준수하는 경기 공간에서 평소 우리가 당연하다고 믿는 지배적 상식과 가치가 보기 좋게 전도되겠지요? 그리고 이런 전도가 일어난다는 것이 바로 장애인 스포츠가 주는 또 하나의 재미이며 감동의 근원입니다.

물론 제가 블라인드 사커를 조금 잘하게 되더라도 시각 장애가 있는 사람들의 기분이나 깊은 속내 등을 완벽하게 이해할 수 있다고는 생각지 않습니다. 하지만 장애에 대한 다양한 단정과 오해를 내재한 지배적 상식과 가치를 당연하다고 믿었던 제 일상에는 확실하게 균열이 일어날 것이고, 저는 그로 인해 장애라고 하는 차이를 정면으로 바라볼 수 있게 될 것입니다. 그리고 차이가 제 일상에 어떤 의미와 의의가 있는지 고민하는 상상력도 더욱 풍부해지겠지요.

차이가 있는 타인과 만나는 법

차이가 있는 타인과는 어떻게 만날 수 있을까요? 제가 예전에 장애인을 싫어하고 꺼리며 두려워하는 이면에 무엇이 있는지에 대해 쓴 적이 있습니다(이시카와 준石川准, 구라모토 도모아키倉本智明 편저,《장애학의 주장》[2002년] 중 '제3장 장애인을 싫어하고 꺼리며 두려워한다는 것'). 그 글에서도 언급했던 과거의 경험이 떠오릅니다. 우리가 어째서 장애라는 차이를 정면으로 마주할 수 없는지를 고민했던 충격적인 경험이었습니다.

제 취미이자 삶의 낙은 온천에 들어가 무념무상 상태에 빠지는 것입니다. 온천욕을 하지 않으면 말라비틀어질 것 같은 생각까지 드니 제게는 굉장히 중요한 행위입니다. 미지근한 물에 들어가 물과 완전히 하나가 되고 무념무상에 빠져들면 의식이나 사고는 살아 있지만, 몸은 넓은 탕 안에 남김없이 녹아내리는 기분입니다. 머리만 물 바깥으로 나온 그 상태가 저는 좋습니다. 그럴 때 최고의 쾌감을 느끼지요. 그리고 재미있게도 머리만 동동 뜬 상태에서는 생각이 날카로워지고, 다양한 발상도 떠오르며, 어떤 문제에 대한 고민이 일시에 갑자기 발전하기도 합니다.

그날도 평소처럼 대형 온천탕에 갔습니다. 여느 때처럼 무념무상에 빠지고 싶어 물속에 몸을 맡기고 전신의 긴장감을 놓았습니다. 문득 눈을 떠보니 탕 안에 대여섯 살 정도로 보이는 남자아이가 서 있었습니다. '귀여운 녀석!' 하고 다시 눈을 감으려는 순간, 제 시선은 그 아이의 몸에 꽂혀버렸습니다. 작은 손으로 얼굴을 긁고 있는 아이의 양팔은 극단적으로 짧았습니다. 무념무상을 즐기겠다고 홀딱 벗고 느긋하게 풀어져 있다가 순간적으로 한 방 먹은 기분이었습니다. 저는 완벽한 무방비 상태에서 양팔이 극단적으로 짧은, 장애 있는 소년을 만난 것입니다.

'내가 왜 그렇게까지 화들짝 놀랐을까?'를 생각하면서 무념무상을 포기하고 주위를 관찰했습니다. 모두 자연스레 행동한다고 했지만, 분명 그건 어색하게 꾸며낸 자연스러움이었습니다. 매우 부자연스럽고 당혹스러운 긴장감이 공기를 가득 채웠습니다. 아이, 그리고 함께 온 젊은 아빠 둘만이 자연스레 목욕을 즐겼습니다.

부자연스러움, 당혹스러운 긴장감, 화들짝 놀란 마음의 정체는 무엇이었을까요? 장애 있는 사람을 노골적으로 소외시키는 행위도 아니고, 싫어하는 감정도 아니었습니다. 그것은 분명 무방비 상태의 제가 장애 있는 사람을 눈앞에 두고 어떻게 행동해야 좋을지 몰라 허둥거리는 모습이었습니다. 또 장애 있는 사람과 자신과의 거리를 어떻게 '적절하게' 유지하면 좋을지를 몰라 우왕좌왕한 모습일 수도 있습니다. 사람들은 '무슨 그런 대수롭지 않은 일에 호들갑이야? 언제든 있을 수 있는 상황이니 깊이 생각할 것 없다. 무시하라!'라고 할지도 모릅니다. 하지만 무시하기도 쉽지 않습니다.

무시한다는 것은 그저 상대를 보지 않는 것이 아닙니다. 무시한다는 것은 내가 상대를 주시하지 않고 관심이 없다는 사실을 상대와 주변에 구체적 행동으로 적절하게 나타내는 행위입니다. 그리고 제 경험과 당시의 분위기는 그야말로 장애라는 차이와 적절하게 만나고, 차이 있는 타인과 적절하게 소통할 수 있는 자연스러운 일상이 아니었습니다.

조금 더 까다롭게 이야기해보겠습니다. 타인을 이해한다는 것은 마음에 관한 이야기가 아닙니다. 쉬츠의 이론이나 가핑클의 민속방법론적 견지에서 보면 타인과 어떻게 일상적 관계를 구축할 수 있는지, 그런 관계가 실천적이고 처방적 지식을 통해 어떻게 만들어졌는지에 관한 문제인 것입니다. 또 그것은 나와 타인이 일상적 관계 속에서 어떻게 상호 신뢰를 만들 수 있고 거리를 유지할 수 있는지를 따져보는, 나와 타인 간 상호 행위의 문제입니다.

우리는 평소 타인을 만날 때 순간적으로 그 사람을 이해하고 어떻게 행동해야 할지를 판단합니다. 그러한 판단의 배후에는 타인을 이해하는 데 필요한 넓고 깊은 지식의 재고가 있습니다. 우리는 그 재고 중에서 그때그때 적절한 지식을 끄집어내어 타인과 마주합니다. 그렇다면 차이가 있는 타인과는 어떻게 만나야 할까요?

우선 차이에 관한 지식의 재고를 가능한 한 풍성하게 만들어야 합니다. 얕은 지식만으로는 적절하게 마주할 수 없습니다. 얕은 지식 재고만으로는 장애라는 차이에서 생기는 다양성을 볼 수 없고, 그 다양성을 느낄 수 있는 상상력조차 우리 안에서 자라날 수 없기 때문입니다.

또 하나. 이미 보유하고 있는 지식의 재고를 항상 의심하고 노력해야 합니다. 블라인드 사커에 실제로 참가하는 경험이 시각 장애라는 차이에 대한 우리의 지식 재고를 질과 양 측면에서 모두 풍성하게 만드는 것처럼 말입니다. 그렇게 노력하다 보면 차이 있는 타인과 만나고 마주하는 방법도 풍성하고 세련되어질 것입니다.

우리의 일상적 지식은 항상 지배적 가치, 지배적 관점의 영향 아래에 있습니다. 그리고 대개 지배적 가치와 관점에 따라 사는 편이 수월하고 효율이 높습니다. 하지만 차이가 있는 타인과 만나려고 할 때, '수월하고 효율적'이라는 가치는 일단 접어두는 것이 좋습니다. 지배적 가치는 되레 장애라고 하는 차이가 줄 수 있는 다양한 새로운 의미와 창조의 가능성을 느끼는 데 '거추장스러운 장애물'을 만들기 때문입니다.

　그리고 가장 중요한 것은 우리가 차이가 있는 타인과 만날 때 새로운 세계로 들어가는 입구를 잃지 않도록 타인을 이해하는 감각, 즉 타인에 대한 상상력을 항상 갈고닦음으로써 상상력을 키우는 즐거움을 맛보는 것입니다.

　차이가 있는 타인을 차별하고 소외시키는 행위는 타인에 대한 상상력이 퇴화한 결과입니다. 그러한 행위는 타인에게 깊은 상처와 고통을 줄 뿐 아니라 우리 자신에게도 깊은 상처를 주며, 한 인간으로서의 깊이나 넓이를 앗아갑니다. 우리가 깊고 넓게 살 수 있을지는 차이가 있는 타인과 어떻게 만나려 하는지에 달려 있습니다.

제6장

환경에 대한 생각

환경을 지킨다는 '상식'

사회학에서는 이미 수년 전부터 '환경사회학'이라는 분야가 생겨 다양한 조사 연구가 축적되고 있습니다. 이 책에서 여러 번 언급했듯 차이를 지닌 존재로서의 타인과 우리의 관계를 고민하는 행위는 사회학의 기본입니다. 그런데 인간 외 여타 존재와의 관계를 생각하는 것, 즉 우리의 일상을 떠받들고 있는 환경에 대한 고민도 사회학이라는 것은 지적 실천에 있어 기본 중의 기본입니다.

맛있는 맥주를 마시고 싶을 때, 저는 맥주 공장을 견학하러 갑니다. 제조 공정을 둘러보고 나면 최고 상태의 맥주를 시음할 수 있게 해주기 때문입니다. 지금껏 여러 브랜드의 맥주 공장을 견학하러 다녔는데, 어느 공장에서나 최고로 맛있는 상태의 맥주를 제공한다는 점 말고도 두 가지 공통점이 있었습니다.

하나는 폐기물 제로라고 주장한다는 점입니다. 맥주를 제조하는 과정에서 생긴 폐기 대상 물질을 모두 효율적으로 재이용하기 때문에 무엇 하나 버릴 이유가 없다는 설명이 따라붙습니다.

또 하나는 자연환경을 보전한다고 주장합니다. 맥주를 생산하는 데는 좋은 천연수가 필수 요건입니다. 그러니 천연수라는 자원을 지키기 위해 해당 공장에서는 자연환경을 적극적으로 보전하고, 새로이 창조하기까지 한다고 말합니다. 폐기물 제로, 자연환경 보전 및 새로운 자연환경의 창조. 즉 '환경 보전에 대한 적극적 기여'라는 말을 어느 맥주 공장에서나 들을 수 있었습니다.

물론 현대사회에서 환경에 대한 배려를 내세우지 않는 기업은 없습니다. 어떤 형태로든 환경 보호와 보전에 기여한다고 밝혀야 기업 가치를 인정받을 테니 말입니다. 영리를 추구하는 기업 입장에서는 최소한의 상식적 행위입니다.

하지만 1956년에 태어나 일본이 고도 경제성장기를 지날 무렵에 어린 시절을 보낸 저로서는 환경에 대한 배려라는 상식이 영리기업에 침투했다는 사실이 놀라울 따름입니다. 왜냐하면 당시에는 이러한 상식이 존재하지 않았기 때문입니다. 고도 경제성장기의 일본은 어떻게 해서든 인정받는 나라가 되기 위해 맹렬한 속도로 앞만 보고 달렸습니다. 급속한 근대화, 산업화를 실현하는 과정에서 환경을 배려할 여유는 없었습니다.

1970년에 일본에서 열린 만국박람회의 주제는 '인류의 진보와 조화'였습니다. 이 말이 상징하듯 당시 과학기술의 진보는 조금도 의심할 여지 없이 훌륭한 목표였습니다. 우리는 급속하게 편리해지는 일상을 보며 한편으로는 놀라고 또 한편으로는 환호했습니다. 다만 조화는 인류와 인류 사이에 달성해야 할 목표였지 우리 인간이 지구 환경과 조화를 이루어야 한다는 인식은 없었습니다.

　오히려 환경과 자연은 인간의 편의를 도모하는 데 장애물이니 그것을 극복하는 것이야말로 최대 가치라고 생각했습니다. 편의라는 풍요로움을 획득하기 위해 환경에 대한 배려 없이 과학기술만을 신봉한 결과, 여러분도 잘 아시다시피 자연환경뿐 아니라 우리 신체도 다양한 상처를 입었습니다.

　강의 중에 제가 자주 하는 이야기가 있습니다. 어린 시절, 무더운 여름날이면 학교에서 돌아와 분말주스 가루를 냉수에 타 마시며 갈증을 해소했습니다. 주황색의 오렌지 주스 가루도 있었고, 새빨간 딸기 주스 가루, 샛노란 레몬 주스 가루도 있었습니다. 지금이야 인체에 해가 없는 천연 착색료로 식품에 색을 입힙니다. 그렇지만 당시의 값싼 먹거리에 천연 과즙 따위를 쓸 리는 없었습니다. 지극히 당연했지요.

　그러다 보니 지금은 사용이 금지된 합성 감미료나 합성 착색료가 마구 쓰였습니다. 분말로 만든 주스를 마시고 나면 혀가 새빨갛고 샛노랗게 물들었습니다. 분명 우리 몸에 화학적으로 합성된 식품첨가물이 마구 쌓였을 겁니다. 그렇기 때문에 우리 세대는 첨가물이 잔뜩 쌓인 몸을 자연 식품으로 정화하고 싶어 합니다. 그런 바람은 사라지지도 않고 지금까지 이어지고 있습니다. 이런 이야기를 하자면 끝이 없습니다. 우리 세대는 성장 과정 중의 미성숙한 과학기술로 인해 혜택을 누리는 동시에 피해도 맛보았습니다.

한때 '지구 친화적'이라는 표현이 유행한 적이 있습니다. TV 광고 등에 자주 나왔던 문구로 환경에 대한 배려를 상징하는 카피였지요. 하지만 2011년 3월 11일에 도쿄전력 후쿠시마 제1원전의 심각한 사고를 경험하면서 '원자력 안전 신화'가 산산이 조각난 지금, 이 카피는 거의 의미를 잃었습니다.

그저 '~친화적'이라는 표현만으로는 원전 사고를 막을 수 없다는 사실이 드러났기 때문입니다. 그럼 이제 어찌하면 좋을까요? '~친화적'이라는 사실만으로 부족하다면 어떻게 해야 할까요? 6장은 그런 부분을 짚어가며 이야기를 전개하겠습니다.

근대화의 이면에서 우리를 괴롭힌 역사적 사실

아시아 태평양전쟁에 패한 뒤, 일본은 미국의 점령하에서 민주화 과정을 거쳤고 그동안에도 전후 복구 작업에 힘을 쏟았습니다. 1952년에 주권을 회복한 후로는 경제적으로 한층 풍요로운 국가를 목표로 산업화, 공업화를 거세게 추진했습니다. 근대화를 향한 맹렬한 전진이 시작된 것입니다.

그런데 근대화를 내세운 국가정책을 추진하는 과정에서 다양한 '공해'가 발생했습니다. 여러분은 공해라는 단어를 아십니까? 공해라는 단어에서 사실성이 느껴지시나요?

제게는 대단히 사실적인 단어입니다. 일상에서 지속적으로 마주쳤으니까요. 1950년대부터 1970년대까지는 일본의 경제성장기이기도 했지만, 뒤집어보면 공해의 시대이기도 했습니다.

이 책을 집필 중인 지금, 영화 〈신 고질라〉(안노 히데아키庵野秀

明 감독, 2016년)가 개봉되어 대단한 흥행 성적을 내고 있습니다. 저도 아들, 딸을 데리고 영화관으로 달려갔습니다. 아이들은 대단히 즐겁게 본 것 같지만, 괴수 영화 마니아인 저는 솔직히 이 새로운 고질라 영화를 보자니 복잡한 생각이 일었습니다.

영화 〈신 고질라〉에 대한 평가는 평론가에게 맡기고, 여기서는 '공해의 시대'를 상징하는 고질라 작품을 말씀드리겠습니다. 〈고질라 대 헤도라〉(반노 요시미쓰坂野義光 감독, 1971년)라는 작품입니다. 영화 제작 배급사인 도호(東宝)가 매년 여름 어린이용으로 제작한 '챔피언 축제'라는 프로그램을 통해 공개된 작품입니다.

유해물질의 무분별한 폐기로 자연이 파괴되는 데 대한 위기감과 분노를 노래한 주제가 가사가 독특했습니다. '새와 물고기가 사라진 현실. 수은, 코발트, 납, 황산, 스트론튬……. 바다와 하늘이 더럽혀지면 결국 모든 생물이 사멸한다. 지구상에는 아무도 살아남지 못한다. 초록 숲과 푸른 하늘, 푸른 바다를 돌려달라!' 라는 가사였습니다. 당시 사회문제로 떠오른 공해를 주제로 한 고질라 영화 중에서도 상당히 이채로운 작품이었지요.

헤도라는 시즈오카현(静岡県) 다고노우라(田子の浦) 만에 퇴적된 오니, 즉 오염된 진흙에서 태어난 괴수입니다. 굴뚝이 뿜어내는 스모그를 흡수하며 거대해진 헤도라는 하늘을 날면서 황산으로 범벅된 연무를 퍼뜨립니다.

당시 도시에서는 자동차 배기가스와 공장 매연이 심각한 대기오염을 유발했고, 처리되지 않은 공장 폐수와 생활 오수가 강과 바다로 흘러들어 수질오염도 사회문제로 대두됐습니다. 영화의 무대가 된 다고노우라도 그 무렵, 제지 공장 등에서 흘러나온 폐수 탓에 오니 공해가 발생해 악명이 높았습니다.

뉴스에 나오는 중국 베이징을 보십시오. 최근에는 낮에도 태양 빛을 가리는 대기오염이 마치 짙은 안개를 방불케 합니다. 당시의 일본이 그랬습니다. 영화는 고질라가 헤도라를 쓰러뜨리고 유유히 사라지는 장면으로 끝납니다. 1970년대, 이미 흥청망청하던 시기가 지났다고는 해도 아이들용 오락 작품이 '공해', '지구오염'을 정면으로 내세운 시도는 아무리 봐도 이색적이었습니다. 하기야 어린아이들도 다 알 정도였다는 얘기니 당시 일상의 구석구석에서 사람들은 분명 공해를 문제로 인식했습니다.

신칸센을 타고 후지산 주위를 통과할 때면 다고노우라 만을 지나게 됩니다. 그때마다 저는 '아, 여기서 헤도라가 태어났구나!'라고 생각합니다. 현실에는 고질라가 없습니다. 대신 공해의 시대를 사는 동안 우리는 엄청난 대가를 치렀고, 공해 방지 기술을 개발했습니다. 지금은 유한한 자연의 의미를 되새기며 조금씩이라도 환경을 배려하는 상식과 지구상 생명체로서의 인간의 의미를 찾고 있습니다.

미나마타병 문제와 신칸센 공해

누구나 과거의 일은 까맣게 잊습니다. 인간은 지식을 기억하는 존재이면서 망각하는 존재이기도 하니까요. 망각도 인간의 행위에 없어서는 안 될 중요한 요소입니다. 그런데 결코 잊어서는 안 되는 역사적 사실도 있다고 생각합니다.

상징적 공해 사건 중, 미나마타병 문제가 그렇습니다.

꽤 오래전 일입니다만, 2006년에 어느 현립(県立) 고등학교에서 사회학 모의 강의를 한 적이 있었습니다. 그해를 기억하는 데는 이유가 있습니다.

미나마타병이 발생했을 당시, 정부는 전혀 인정하려 들지 않다가 1956년에야 겨우 공해병으로 정식 인정했고, 2006년은 그로부터 50년째가 되는 해였습니다. 저는 학생들에게 미나마타병에 대해 물어보았습니다. 그 결과 돌아온 대답은 '4대 공해 사건

중 하나'라는 말뿐이었습니다. 사건과 문제의 내용은 거의 모르고 있었습니다. 그들은 대학 입학시험에 나오는 지식 중 하나로 미나마타병을 알고 있었지요.

일본은 정부 정책에 따라 고도의 경제성장을 뒷받침하고 밀어붙일 핵심 분야로 화학제품에 주목했습니다. 그런 화학제품을 생산하는 기업 중에 짓소라는 기업이 있었습니다. 짓소는 유기수은이 포함된 공장 폐수를 처리하지 않은 채 미나마타(水俣) 만으로 방출했습니다. 수은은 물고기 몸에 쌓였고, 그 물고기를 먹은 미나마타 주민들에게 기형이 발생했습니다. 많은 사람이 원인도 모른 채 중병에 신음했습니다. 병의 원인을 찾아보니 유기수은이었고 공장 폐수에서 유래했다는 인과관계가 밝혀졌습니다.

그런데 짓소와 정부 측에 선 연구자들이 애초에 병과 공장 폐수와의 인과관계를 인정하려 들지 않았습니다. 그래서 피해자들은 원인을 철저히 규명하고 공해병 환자로 인정해 피해보상을 해달라며 소송을 제기했습니다. 이 소송을 계기로 크나큰 사회운동이 일어났습니다.

눈앞에 있는 아름다운 바다에서 신선한 생선을 잡아 밥상에 올리는 기쁨은 참으로 큽니다. 그런데 그 물고기에 생명을 빼앗고 인생을 망가뜨리는 유독물질이 포함되어 있었습니다. 어민들에게는 어떤 책임도 없었습니다. 가해와 피해의 구도가 그보다 명확할 수 없었지만, 기업의 이익과 국가의 의도가 뒤엉키면서 미나마타병을 앓는 환자와 주위의 수많은 인생이 농락당했습니다.

이 문제에 관해서는 매우 많은 책과 영상이 나와 있습니다. 책 중에서 이시무레 미치코(石牟礼道子) 저《고해정토(苦海浄土)》(2016년), 구리하라 아키라(栗原彬) 편저《증언 미나마타병》(2000년) 등은 필독서입니다. 또 쓰치모토 노리아키(土本典昭) 감독의 〈미나마타-환자와 그 세계〉(1971년) 등 일련의 다큐멘터리도 볼만합니다.

또 다른 상징적 공해 소송사건도 있었습니다. 지금도 대학에서 환경문제 등 현대사회론을 강의할 때 꼭 소개하는 사건입니다. 후나바시 하루토시(船橋晴俊), 하세가와 고이치(長谷川公一), 하타나카 무네카즈(畠中宗一), 가쓰타 하루미(勝田晴美)의 공저《신칸센 공해-고속 문명의 사회문제》(1985년)라는 책에 상세한 내용이 실려 있지요. 책 제목에서 알 수 있듯 신칸센이 일으킨 공해에 대한 소송사건입니다. 지금은 신칸센이 지극히 평범한 교통기관으로 인식되지만, 도쿄에서 신오사카(新大阪) 사이가 개통된 1960년대 중반만 해도 최첨단 고속 문명의 상징이었습니다. 초등학생 때, 개통 후 첫 열차가 신오사카에 도착하는 장면을 보겠다고 역으로 달려간 기억도 납니다.

그때는 지금처럼 소음 방지 대책 같은 것도 없었습니다. 노선이 인구 밀집 지역을 관통하는 통에 주변에 사는 사람들은 새벽

첫차부터 막차까지 5분 간격으로 달리는 상하행선의 끝없는 소음과 진동에 시달렸습니다. 이 같은 상황을 배경으로 1974년 나고야(名古屋)에서 신칸센 공해 소송이 시작되었습니다. 신칸센 같은 공공성이 큰 거대 자본을 둘러싼 사회문제와 사회운동 그리고 소송에는 어떤 조직이 간여해 문제를 논할까요? 자세한 답은 앞서 언급한 조사 연구서를 읽어주시기 바랍니다.

여기서는 환경사회학 연구자들이 생각해낸 수익권(受益圈)과 수고권(受苦圈)이라는 흥미로운 개념을 소개하겠습니다.

수익권이란 어떤 공공적 사회자본이 만들어진 결과, 다양한 형태로 이익을 얻는 이들의 집합, 이익을 얻는 지역을 가리킵니다. 그리고 수고권은 사회자본이 생긴 결과, 기존에는 상상도 하지 못한 고통을 받게 된 사람과 지역을 가리킵니다.

신칸센 공해와 관련해서는 노선 주변의 좁은 땅에 사는 주민이 집중적으로 고통을 받았고, 신칸센을 이용하는 불특정 다수와 역이 생겨 이용자가 늘어난 결과 활성화된 역 주변 동네가 이익을 얻었습니다. 물론 노선 주변에 사는 주민들도 신칸센을 이용할 가능성은 있지만, 문제는 수익과 수고의 압도적 불균형이었지요.

신칸센의 노선을 변경하면 문제가 해결되겠지만, 쉬운 일이 아니었습니다. 또 대량 수송 기관으로서의 공공성 등 사회적 가치를 생각하면 보다 현실적 타협안이 필요했습니다. 그래서 소송에서는 수익권이 수고권으로 어떻게 이익을 환류하면 수고권의 고통을 상쇄할 수 있을지에 초점이 맞춰졌습니다. 물론 그 방법이 근본적 문제 해결책은 아닙니다.

하지만 사람들이 앞으로 비슷한 문제에 부딪혔을 때, 어떻게 타협할 수 있을지를 모색하는 실천적 지혜임은 틀림없었습니다. 이 외에도 일본은 다양한 공해 문제를 경험했습니다. 그 결과, 거대 사회자본을 건설할 때 어떤 악영향이 나타날지 사전에 평가하는 작업이 당연해졌고, 6장 전체에서 언급하듯 환경에 대한 배려는 가장 먼저 생각해야 할 규범이 되었습니다.

생활자 입장에서 생각하기

공해 문제 외에도 환경과 인간의 관계를 조사하고 되짚어 보는 접근이 있습니다. '생활환경주의'라는 관점인데, 생활자[20]의 입장에서 환경을 생각하는 개념입니다.

생각해보십시오. 사실 우리는 평소 생활 속에서는 환경이라는 깊고 넓은, 그러나 어딘지 생경한 인상을 주는 어색한 개념을 지속해서 접하지는 않습니다.

물이 그렇습니다. 저는 오사카 시내의 단층 시영 주택에서 자랐는데, 초등학교 때인 1950~1960년대에는 집 근처 강에서 자주 놀았습니다. 풀이 무성하게 자란 흙 제방에서는 온갖 벌레가 울어 댔습니다. 강에 물고기도 살았지만, 헤엄치고 놀 만큼 물이 깨끗

---

20   사회학, 경제학 분야에서 쓰는 용어로 다양한 가치관하에서 다양한 생활 행동을 하는 사람을 일컫는다. 일상의 삶을 영위하는 '생활'이라는 측면에서 인간을 바라본 개념이다.

하지는 않았습니다. 그런데 아버지 말씀에 따르면, 옛날에는 물이 깨끗해서 늘 헤엄을 치고 놀았다고 합니다. 오사카 시내에 헤엄을 칠 수 있는 강이 있었다니 놀라운 이야기였습니다. 지금 그 강기슭은 완벽한 호안공사(護岸工事) 덕에 흙 제방 대신 콘크리트 블록이 둘러쳐져 있습니다. 벌레를 잡고 놀던 제방은 사라지고 없지요.

저는 그 강을 보면서 '물 환경' 따위는 생각해본 적이 없었습니다. 웬만하면 위험한 데까지는 들어가지 않으려고 항상 주의하면서도 친구들과 함께 재미있고 짜릿하게 놀 방법을 고민하느라 바빴습니다. 그러니까 우리는 어떻게 하면 강에서 더 잘 놀 수 있을지에 대한 '지혜'를 짜냈던 것입니다. 강은 서서히 오염되어갔습니다. 그 강과 어떻게 하면 관계를 잘 이어갈 수 있을까요? 우리의 지혜라고 해봐야 그저 재미있게 놀기 위해 동원되는 것이었지만, 그것은 분명 물 환경의 변화(악화)와 영향을 주고받는 역사적 행위라고도 할 수 있었습니다.

생활환경주의적 관점에서 생각하면, 환경은 우리 일상의 삶으로부터 동떨어져 존재하지 않습니다. 오히려 생활 속에 항상 구체적으로 드러나는 현상이라 할 수 있습니다. 구체적 현상으로 나타나는 다양한 문제에 대해 우리는 생활 현장에서 어떤 논리를 만들어내고, 어떤 생각으로 대처하려 했을까요? 이른바 생활자의 논리, 생활자의 생각이 일상의 삶이라는 역사 속에 어떻게 중요한 지혜로 살아남았는지를 세밀하게 듣고 조사할 때, 그 깨달음을 생활 현장에 뿌리내리고 현장에서 일어나는 환경문제와 인간과의 관련성을 발견할 수 있습니다. 도리고에 히로유키(鳥越皓之)와 가다 유키코(嘉田由紀子)가 편저한 《물과 인간의 환경사–비와코(琵琶湖) 호수 보고서》(1984년)라는 훌륭한 책이 있습니다.

지금은 절판 상태라 도서관에서만 볼 수 있는데 생활환경주의가 무엇인지 알고 싶으면 반드시 읽어보아야 할 책입니다.

비와코 호수의 치수 역사, 어민들이 어떻게 물이라는 환경을 활용해왔는지, 해변이 개발된다고 했을 때 어떻게 마을이 중심이 되어 개발을 추진했는지, 수도가 부설된 역사, 강·우물·호수의 물 이용에 관한 상세한 내용, 생활 오수의 양상 등 시가현(滋賀県) 비와코 호수에서 생활하는 사람들이 어떻게 물이라는 환경과 마주하고, 그 질을 유지하며, 생존에 필수불가결한 물을 다루어왔는지에 관한 전반적인 내용이 자세히 나와 있습니다.

이 책을 읽으면 지역 주민의 생활에 뿌리내린 물 사용법이나 물에 관한 지혜를 피부로 느낄 수 있습니다. 치수, 생활용수, 생활 오수 등 물과 사람의 관계가 다양한데, 사람들의 일상에 뿌리내리고 역사적으로 유지되어온 '지혜'로서의 독자적 논리와 추론을 엿볼 수 있어 읽을 가치가 충분합니다.

역사적 환경과 '마을'의 논리

물 같은 물질적 환경뿐 아니라 그 땅에 숨 쉬는 민속 예능, 전승 문화 등의 역사적 환경을 어떻게 볼지도 환경을 생각하는 중요한 주제가 될 수 있습니다. 역사적 환경을 유지, 전승하는 일도 환경에 대한 중요한 배려라 할 수 있다는 뜻입니다.

사회학자인 아다치 시게카즈(足立重和)[21] 씨는 기후현(岐阜県) 구조하치만(郡上八幡) 지역에 전해 내려오는 백중맞이 춤(봉오도리)에 대한 사람들의 논리와 생각을 알아내고자 했습니다(아다치 시게카즈 저《구조하치만 전통을 산다 – 지역사회의 생각과 리얼리티》, 2010년).

이 지역의 백중맞이 춤은 전통 예능으로 매우 유명해서 매년 많은 관광객이 찾는 중요 관광자원입니다. 아다치 씨는 연구를

---

21   오테몬(追手門) 학원대학 사회학부 사회학과 교수. 마쓰리, 전통예능, 민속 전공.

위해 아예 이 지역으로 이주했습니다. 주민들과 소통하고, 술도 마시며 관계를 돈독히 하면서 지역 주민과 춤의 연결 고리를 파고들었지요. 그러다가 자신도 백중맞이 춤을 출 수 있게 될 정도였다고 합니다. 그런데 춤의 역사를 알아가던 중, 이 지역 백중맞이 춤에 두 종류가 있다는 사실을 발견하게 됩니다. 하나는 관광객과 함께 추는 관광화된 춤이었고, 또 하나는 지역 주민만이 추는 옛날 춤이었습니다.

그러나 흥미롭게도 아다치 씨가 그 사실을 설명해도 지역 주민들은 인정하지 않고, 백중맞이 춤은 하나라고 주장했습니다. 춤의 구체적 형태가 관광화를 통해서 변화하고 있는데도 사람들의 의식이나 논리, 생각 속에서는 역사를 가진 하나의 춤이라는 인식이 유지되더라는 얘기입니다. 이런 식으로 지역 주민들은 시대의 변천에 적응하면서도 자신들이 소중하게 여기는 역사적 환경을 지키고 계승했습니다.

또 다른 재미있는 책을 소개합니다. 우에다 교코(植田今日子)[22] 씨가 쓴 《존속의 기로에 선 마을―댐, 재해, 한계 집락의 미래》라는 책입니다. 우에다 씨의 관심은 '마을'에 있습니다. 마을은 일본 사회의 전통적인 집락 형태도 아니고 도시와 비교, 대조되는 과

---

22   조치(上智) 대학 종합인간과학부 사회학과 준교수. 과소 집락, 댐 이전 집락, 대규모 재해를 입은 집락의 존속 전략 등을 연구 중이다.

소(過疎) 공간도 아니며 현실적으로 볼 때 한계 집락[23]이라고 딱 잘라 말할 수도 없습니다. 뭔가 정의 내리기 어려운 공간입니다.

마을 주민들은 각기 고유의 역사 속에서 자신들에게 필수적인 생존의 시공간으로서 마을을 구성합니다. '인간은 왜 같은 장소에서 세대를 초월해 살고 집안을 유지할까? 인생을 살아낸 긴 시간의 축적과 경험을 후대에 전함으로써 마을이라는 사회 공간은 무엇을 가능케 하는가?' 우에다는 그런 근본적인 문제에 관심을 두고 현장에 숨어 있는 사람들의 통념과 지혜를 알아내려 했습니다. 그리고 다양한 원인 탓에 '존속의 기로'에 서게 된 마을과 그 마을에 사는 사람들의 생활 속으로 비집고 들어갑니다.

댐 건설 계획이 생기면서 수몰 예정지로 농락당한 어느 산속 마을이 있습니다. 애초 계획은 1966년에 나왔고 2009년에는 건설 중지가 발표됐지만, 법적으로 종지부가 찍힌 상태는 아닙니다. 그간 많은 이가 마을을 떠나면서 마을은 큰 변화를 겪습니다. 마을에 계속 남은 사람들은 처음에는 계획에 대해 각자 다른 입장을 보이며 대립하다가 언제부터인지 '조기 착공'으로 의견을 모았습니다. 같은 처지의 다른 마을에서는 일찌감치 '댐 용인' 쪽으로 입장을 정리하고 대체지로 집단 이전을 감행했습니다. 마을

---

23   고령화나 도시화 등으로 인구의 반 이상이 65세 이상인 집락을 말한다. 인구 구성이 그렇다 보니 관혼상제와 같은 사회 공동생활의 유지가 곤란해진다는 특징이 있다.

을 존속시키기 위한 도박이기도 했습니다.

사람들은 오랫동안 살아온 마을의 질서, 공간이 지니는 구체적 의미 등이 모두 파괴된 대체지에서 맨주먹으로 다시 시작해야 하는 선택을 했습니다. 그들은 자신들이 그곳에서도 함께 살아가는 증거로 숯을 굽기 시작합니다. 숯을 굽는 행위는 그곳에서도 마을을 이루고 살아간다는 것을 서로 확인하는 중요한 행위였습니다. 우에다 씨는 숯을 굽는 행위에서 힘들게 살아가는 사람들의 지혜를 발견합니다.

대규모 지진으로 엄청난 피해를 입어 존속의 위기에 몰린 마을도 있습니다. 2004년에 발생한 주에쓰(中越) 지진으로 피해를 본 구 야마코시무라(山古志村) 지역은 전통 행사인 소싸움이 유명했습니다. 피난 생활이 한창인 동안에도 사람들은 소를 구출해 와서 경제적 부담을 따지지 않고 소싸움 행사를 열었습니다. 왜 그랬을까요? 그 이유는 바로 마을을 유지하는 데 없어서는 안 되는 사람들의 통념에 있다고 우에다 씨는 주장합니다.

지진이나 쓰나미 같은 집중적 타격이 아니라 오랜 시간에 걸쳐 타격을 입은 곳도 있습니다. 마을이 소멸할 수도 있는 가능성, 과소라는 위험에 직면한 것입니다. 우에다 씨는 구마모토현(熊本県) 구마군(球磨郡)에 있는 집락을 예로 듭니다. 이 지역에서는 과소 문제로 인해 전통 예능인 북춤을 계승할 사람이 없습니다. 근처에서 북춤을 계승하겠다는 신청이 들어오지만, 사람들은 춤을 언제 어디서 어떻게 출지 등 '외부' 사람들이 쉽게 만족시킬 수 없는 조건을 내세우며 그 신청을 거부했습니다. 그들은 왜 외부 사람들이 이해하기 어려운 조건을 내밀며, 전통 예능을 계승하겠다는 외부의 의지를 수용하려 하지 않았을까요?

우에다 씨는 그들이 제시한 계승 조건의 깊은 의미를 알아냈습니다. 북춤은 마을의 고유한 역사적 시공간에 배어 있기 때문에 지역 주민에게 큰 의미를 주는 행위라는 점을 밝혀낸 것입니다. 긴 역사를 통해 축적된 마을의 '시간'. 공간이 사라지더라도 마을은 그 '시간'을 어떻게든 계승하고자 합니다.

이러한 시간의 계승은 마을과 사람들의 역사적 공동성과 관련해 어떤 의미가 있을까요? 다양한 형태로 전통이 사라지는 지금, 사람들의 논리나 생각에 숨은 지혜와 지역 고유의 역사적 '시공간'의 의미를 되묻는 행위 또한 환경을 생각하는 중요한 숙제로 남아 있습니다.

원전 사고 이후의 '지금'을 생각하다

환경을 생각할 때, 절대 회피할 수 없는 사안이 있습니다. 원자력 이용에 관한 문제입니다. 제가 어렸을 때는 거의 매달 미국이나 소련이 대기 내 핵실험을 했습니다. 실험으로 인해 방출된 핵물질은 틀림없이 기류를 타고 지구 전체로 퍼졌을 것입니다. 신문에는 방사능비 같은 단어가 등장했고, 일상생활에 미칠 영향이 보도되었습니다. 원자폭탄과 수소폭탄 같은 핵무기에 느끼는 공포와 그 문제점에 대한 고민이 당시의 일상에는 또렷하게 살아 있었습니다. 그런데 원전 등의 '평화적 이용'에 관해 소개할 때는, 과학기술의 진보와 함께 삶의 편의를 혁명적으로 진화시키는 꿈의 에너지로 둔갑하곤 했습니다.

핵무기의 비인도성을 잘 알면서 왜 원자력의 평화적 이용은 문제없이 승인하고 높이 평가해야 합니까? 사람들은 왜 고도 경제

성장기부터 지금까지 원자력 에너지의 문제성을 정면으로 다루지 않고, 안전 신화를 내세워서 신봉하는 걸까요?

사회학에서도 최근 이 질문에 대해 성과를 올리고 있으니 관심 있는 분들은 꼭 찾아보시기 바랍니다. 야마모토 아키히로(山本昭宏) 저 《핵에너지 언설의 전후사-1945~1960년 '피폭의 기억'과 '원자력의 꿈'》(2012년), 《핵과 일본인-히로시마, 고질라, 후쿠시마》(2015년), 요시미 순야(吉見俊哉) 저 《꿈의 원자력-Atoms for Dream》(2012년), 다구치 랜디(田口ランディ) 저 《히로시마, 나가사키, 후쿠시마-원자력을 받아들인 일본》(2011년) 등을 추천합니다.

어쨌든 심각한 원전 사고를 경험한 지금, 우리는 '원자력이라는 에너지가 우리에게 어떤 미래를 가져다줄까?'라는 질문을 할 수밖에 없습니다. 일본 정부는 안전 신화가 무너졌는데도 원자력을 중심으로 한 에너지 정책을 근본적으로 바꾸려 하지 않고, 새로 '헤이세이(平成)[24]판 안전 신화'를 구축하는 데 필사적입니다.

동일본 대지진으로 원전 사고가 일어난 지 6년이 흘렀습니다. 정부는 몇 년 전에 벌써 원전 사고를 수습했다고 선언했지만, 아직 사고를 일으킨 원자로 속의 사용 후 핵연료는 모두 제거되지 않았고, 냉각에 사용되다 오염된 엄청난 양의 물도 안전하게 처

---

24   헤이세이는 일본이 1989년부터 사용 중인 현재의 연호.

리되지 못한 채 보관되고 있는 실정입니다. 게다가 원자로 바닥에 녹아내린 핵연료의 현재 상황조차 정확히 모르며, 안전하게 끄집어낼 방법도 확정하지 못했습니다. 설령 꺼낼 수 있다 하더라도 처리 방법조차 찾지 못한 상태지요. 사고를 수습했다는 선언은 사실이 아니라 지극히 '정치적인' 발언이라고 봐야 할 것입니다.

생각해보면, 정부는 절대 사고 나지 않는다는 굳건하고 희한한 믿음으로 원자력 이용을 밀어붙였습니다. 설사 핵연료를 안전하게 사용할 수 있고, 원전을 안전하게 조업할 수 있다 하더라도 사용 후 핵물질을 최종 처분할 확실하고 안전한 기술이나 방법을 사전에, 심지어 아직도 확보하지 못한 채 원자력을 사용 중이라는 사실이 놀랍지 않습니까?

한 다큐멘터리 작품이 떠오릅니다. 가마나카 히토미(鎌仲ひとみ) 감독의 《꿀벌의 날개 소리와 지구의 회전》(2010년)이라는 수작입니다. 내용은 이렇습니다.

1982년에 야마구치현(山口県) 가미노세키초(上関町)에 원전 건설 계획이 생깁니다. 예정지의 바다 건너 4킬로미터 지점에 있는 이와이시마(祝島) 섬에서는 오래전부터 사람이 자연과 함께 생명을 지탱해왔습니다. 원전 건설 계획이 나온 뒤 30년 동안 이 섬 주민들은 원전 건설 반대 운동을 펼쳤습니다.

주민들은 매주 한 번 모여서 원전 건설에 반대하는 목소리를 드높였고, 섬 안을 시위하며 행진했습니다. 강아지도 원전 반대 띠를 둘렀습니다. 그동안 그들은 어떻게 자연의 순환 속에서 얻을 수 있는 풍요로운 혜택을 누리며 살아왔을까요? 또 주민들 사이에는 얼마나 깊고 굳건한 공동체의 연결 고리가 이어져 있었을까요? 다큐멘터리는 그들이 살아가는 모습을 담담히 쫓습니다. 바다에 나가 낚싯줄을 드리우고 손가락 감각만으로 보란 듯이 도미를 낚아채는 남성. 해변에서 채취한 톳을 쪘다 말려서 인터넷에 섬 특산품으로 판매하는 젊은 남성. 건너편 바닷가에 원전이 생겨 따뜻한 물이 대량으로 흘러나오면 바다 생태계는 확연히 변하고, 바다로부터 얻을 수 있는 혜택도 사라지겠지요.

작품은 일상뿐 아니라 어떻게 하면 지속 가능한 사회를 실현할 수 있을지에 대한 대안으로 스웨덴의 사례를 소개합니다. 국가 차원에서 탈원전을 결정한 스웨덴. 어떤 도시에서는 풍력발전이나 기타 재생 가능한 자연에너지로 전기를 일으켜 사람들의 생활을 뒷받침합니다. 거리에는 화려한 네온사인이 없습니다. 자판기도 보이지 않습니다. 그들이 말하는 풍요로운 삶의 진짜 알맹이에 대해 우리는 이제 멈춰 서서 생각해야 합니다.

스웨덴에서는 전력이 자유화되어 자신의 의지로 전력 회사를 고릅니다. 환경문제를 진심으로 고민해 자연에너지로 발전하는 회사가 인기가 높지요. '일본에서는 전력을 자유롭게 고를 수 없나?'라고 놀라는 그들의 모습이 인상적입니다. 원전 사고를 경험했으면서 아직도 국책으로 원전을 유지, 확대하고자 하는 일본과는 너무나도 큰 격차에 새삼 놀라게 됩니다.

아오모리현(靑森県)의 롯카쇼무라(六ケ所村)와 동일본 대지진 때 심각한 사고를 일으킨 도쿄전력 제1원전을 보십시오. 도쿄 등 대도시가 소비할 전력을 주변 지역의 원전으로 감당하려 하는 일 그러진 구도가 일본에는 버젓이 존재합니다. 어째서 이런 시설에 숨은 위험성과 문제를 모두 주변 지역이 떠맡아야 하는 걸까요? 이는 분명 그 지역과 주민에 대한 차별이라 할 수 있습니다.

그 구도를 무너뜨리기 위한 모색도 다큐멘터리에 나옵니다. 원전 사고 이후, 시간이 흐를수록 둔해지는 우리의 일상 감각을 다시 한번 예민하게 만들기 위해서라도 이런 다큐멘터리는 꼭 챙겨 보시기 바랍니다.

환경을 생각하는 기본자세

6장을 끝내면서 환경을 생각하는 기본자세가 무엇인지 확인해두고자 합니다.

첫 번째 기본자세는 '미래를 살아갈 인간과 여타 존재에 대한 책임감'입니다. 과거의 다양한 역사적 요인으로 인해 환경과 관련된 피해를 보고, 고통받는 이들이 분명 있습니다. 그들에게 생명과 생활을 보장할 수 있도록 현재 우리 앞에 놓인 과제를 직시해야 합니다.

다만 이미 환경윤리를 고민하는 연구자들이 주장했듯, 현재를 살아가는 우리가 다음 세대와 미래 세대를 위해 환경을 파괴하거나 변질시키지 않고 어떻게 하면 보다 적절한 생활 세계를 유지할 수 있을지 고민하고, 그러기 위한 활동을 모색하는 것도 중요한 책임입니다.

또 하나의 기본자세는 '탈인간중심 사상'입니다. 인간이 가장 위대하고 소중하다는 믿음을 밀쳐두라는 것입니다. 이것도 이미 밝혀진 바와 같이, 지구 창조의 긴 시간을 척도로 삼으면 인간이라는 존재는 다른 동식물보다 압도적으로 작을 뿐 아니라 지구 역사에 마지막으로 등장한 존재입니다.

우리가 지구에 존재하는 많고도 다양한 생명체 중 하나에 불과하다는 사실을 새삼 자각하고, 인간이 지구를 독점하고 지배하겠다는 의지를 억제해야 합니다. 그리고 다른 생명체와 공생할 수 있도록 SF나 애니메이션 등에서 말하는 '푸르고 아름다운 고향'으로서의 지구를 유지하기 위해 무엇을 할지 생각해야 합니다.

최종 처리 기술과 방법조차 확립되지 않은 원자력을 생활의 편의와 국익이라는 목적만을 위해 에너지로 사용하는 인간과 국가의 모습. 원전 사고가 상징하는 환경에 대한 심각한 타격을 돌아볼 때마다 우리 인간과 국가가 기본자세를 외면하고 일탈했음을 알 수 있습니다.

이 글을 쓰는 사이 정부가 고속증식로 몬주[25]의 폐로와 관련해

---

25 일본 서부 후쿠이현(福井県) 쓰루가시(敦賀市)에 위치한 고속증식로. 사용 후 연료를 다시 쓸 수 있어 원자로 폐기물을 처리할 필요가 없도록 설계되었다. 소모되는 핵연료에 비해 더 많은 새로운 연료가 만들어지는 이상적인 원자로라는 의미에서 '미래의 원자로'라고도 불렸다. 하지만 가동 직후 몇 개월 만에 문제가 발생해 22년간 우리 돈으로 약 10조 7,100억 원을 들였지만 가동 날짜는 250일에 불과했다. 2016년 12월, 일본 정부가 공식 폐로를 선언했다.

최종 조정 단계에 돌입했다는 보도가 나왔습니다. 핵연료 사이클과 같은 그야말로 꿈의 기술을 진보시키고자 하는 연구가 필요할 수도 있습니다. 하지만 동시에 환경을 생각하는 기본자세에서 절대 벗어나서는 안 됩니다. 이는 우리가 반드시 지켜야 하는 규범입니다.

제7장

'정치적'이라는
말의 의미

열여덟 살부터 가능한 정치 참여

7장에서는 정치적이라는 말에 대해 이야기하려 합니다. 그런데 왜 하필 정치냐고 묻는 분도 계실 것 같습니다. '정치가한테나 중요하지 우리와는 직접 관계가 없지 않으냐, 정치는 정치학자의 일이 아니냐?'라고 생각할 수 있으니까 말입니다. 하지만 사회학이 세상을 연구하려 할 때, 정치는 매우 중요합니다. 1장에서 사회학의 거장들을 언급했지요. 그들의 이론이나 사상을 한마디로 말하면 '어찌하여 인간은 사회적 존재인가?'라는 의문에 대한 해답이라 할 수 있습니다. 그리고 그 '사회적 존재'라는 말 속에 '정치적 존재'라는 의미도 포함되어 있습니다.

우리는 매일 타인과 이리저리 충돌하고 싸우며 살아갑니다. 지멜은 이러한 타인과의 관계성에 대해 '투쟁의 사회학'을 논했습니다. 그리고 우리는 투쟁을 끝내기 위해 대화하고 조정하고 화해합니다. 법원에서 이루어지는 현실적 조치만 해당되는 것이 아닙니다. 이것은 우리가 일상을 살아가는 모습입니다. 7장에서는 우리가 왜 일상적으로 정치적이어야 하는지를 짚어보겠습니다.

독자 여러분은 생에 첫 번째 투표를 벌써 끝낸 분들입니까? 2016년, 일본에서는 정치 참여와 관련해 커다란 변화가 생겼습니다. 국정 또는 지자체 선거, 재판관 국민 심사[26]에 열여덟 살부터 투표권을 행사할 수 있게 된 것입니다.

과거 '깨끗한 한 표'라는 말이 있었습니다. 지금도 그런 말을 하는 정치인이 있는지 모르겠지만, 예전에는 선거 유세를 할 때 '깨끗한 한 표를 부탁한다'고 외치며 자신에게 투표해달라고 호소하는 모습을 많이 봤습니다. 우리의 한 표가 정말 깨끗한지 아닌지는 차치하고 선거권이 있는 국민 한 사람, 한 사람이 던지는 한 표는 연필로 사람 이름이나 정당명을 표기한 단순한 종잇조각이 아닙니다. 어떠한 정치와 삶이 바람직한지, 자신의 일상생활이 어떻게 되었으면 좋겠는지 따위의 생각과 바람이 담긴 중요하고 무거운 한 표입니다. 그렇기 때문에 선거권 연령을 열여덟 살로 내리겠다는 결정이 나왔을 때, 고등학생이나 대학생 같은 젊은이들, 기존에 정치 세계와 특별한 인연이 없다고 생각하던 사

---

26   일본에서는 우리의 대법원 판사에 해당하는 최고재판소 재판관을 파면할 때 국민투표를 거치게 되어 있다.

람들의 정치적 관심을 높여야 한다는 큰 숙제도 함께 생겼습니다. 그래서 교육 현장은 정치에 참여할 권리와 의무를 당사자에게 어떻게 알기 쉽고 설득력 있게 설명할지, 그들도 다른 어른들과 마찬가지로 정치적 존재라는 사실을 이해시킬 방안이 무엇일지를 모색하기 시작했습니다.

지금도 정치적 관심을 높이기 위해 고등학교 등이 학교 차원에서 기울이는 노력을 보도하는 뉴스가 많이 나오고 있습니다. 그 대부분은 모의 선거 체험입니다. 가공의 정당을 만들거나 학교 안에서 교사들이 후보자 역할을 맡아 학교를 더 좋게 만들려면 무엇이 필요한지 등을 호소하고, 그 목표를 이루기 위한 정책을 연설합니다. 그러면 학생들이 그 내용을 평가하고 투표하는 방식으로 진행되지요. 모의 투표는 다양한 패턴으로 이루어지지만, 실제 투표 행위를 추체험하게 함으로써 실제 선거 시의 투표 방법뿐 아니라 선거에서 한 표를 행사한다는 게 어떤 의미인지 체감하게 한다는 공통점이 있습니다.

그런데 이런 모의 투표 체험을 하면 과연 젊은이들이 정치적인 실감을 할 수 있을까요? 그들이 '정치적 존재'라는 점을 자각하고 일상생활에 정치적 시각을 끌어들일 수 있을까요? 이는 얼마나 효과적일까요? 저는 이런 소박한 의문이 듭니다.

물론 선거에서 자신의 의견을 반영하기 위한 중요한 첫걸음은 포기하지 않는 것입니다. 사실 지금껏 몇 번이나 투표했지만, 어느 후보에게도 매력을 느끼지 못하고 어느 정당의 주장에도 공감하지 못한 적이 있었습니다. '투표할 만한 정치가나 정당이 없는' 상황에 부딪혔던 것입니다. 그런 경우, 더욱 명쾌한 의사표시는 기권 또는 투표용지에 아무 표기도 하지 않는 백지 투표가 있습니다.

학생들에게 정치 참여의 의미를 가르치려는 어느 고등학교의 흥미로운 노력에 관한 신문 기사를 읽은 적이 있습니다. 교사가 기권이 정치에 어떤 영향을 미치는지를 알기 쉽게 설명하고 있었습니다. 후보 중 누구에게 투표할지, 어느 정당을 선택할지는 쉽게 판단할 수 없는 문제일 수 있습니다. 그래서 귀찮아하고 기권하는 사례도 있습니다. 또 기권 행위를 통해 '이번 선거에서는 내 의사와 생각이 반영될 수 없다'는 불만이나 비판을 나타내려는 사람도 있을 겁니다.

하지만 현행 선거 제도상, 기권은 어디까지나 정치에 대한 의사표시가 아니라 정치 참여를 포기하는 것으로 처리됩니다. 그 결과 자신이 바라지 않는 정치가가 당선되거나 바라지 않는 정당이 세력을 확장하기도 합니다. 즉 기권은 실질적으로는 '불만이나 비판'이 아니라 '포기'로 귀결되는 것입니다. 따라서 우리가 정치적 존재임을 자각하고 정치에 참여할 권리와 의무를 행사하려한다면, 포기하지 않고 가능한 한 자신의 의사와 생각이 반영되도록 정치 세력을 선택해 한 표를 던질 수밖에 없습니다.

그러니 모의 투표 체험보다는 기권의 문제성을 자세하게 설명해야 학생들이 자신의 이상과 정치가 밀접하게 연관되어 있음을 실감하지 않을까요? 그런 의미에서 저는 기권에 관한 교육이야말로 중요하다고 봅니다.

그럼 언급한 대로 우리가 일상을 살면서 피할 수 없는 중요한 행위로서의 정치에 관해 본격적으로 이야기하겠습니다. 일상 속에서 우리가 흔히 말하는 '정치적'이라는 말은 무엇을 의미할까요?

'정치적 중립성'이라는 이름의 폭력

'정치적'이라는 말에 대해 생각할 때, 세상에 뿌리내린 폭력이 있습니다. 이제부터 그 폭력을 비판하는 내용을 이야기하려 합니다.

학교에서 고등학생이나 중학생을 대상으로 '정치적인 것'에 관해 가르칠 때 항상 문제가 되는 표현이 '정치적 중립성'입니다. 신문 보도 등에서도 자주 이 표현을 볼 수 있는데, 교사가 어떻게 정치적 중립성을 지키면서 가르칠 수 있을지에 관한 이야기가 많습니다.

학교가 국민의 한 사람으로서 정치에 참여할 의무와 권리가 있다고 가르칠 때, '정치적 중립성'이라는 말은 하나의 이념이자 교사가 항상 주의해야 할 기본적 가치로서 중요한 것이 사실입니다.

하지만 저는 이 말이 실제로 사용되는 방법이나 그 배후에 숨은 폭력성이야말로 문제라고 봅니다.

현실적으로 보면, 언제나 중립성을 준수하는 정치교육, 중립성을 준수하는 교육 실천이 실제로 존재하는지 의문입니다. 또 그러한 중립적 교육이 정말 필요한지도 의문입니다.

선거기간 중의 정견 방송이나 선거 공시 후의 TV 보도 등 각 정당에 대한 방송 시간 배분은 특정 정당이나 개인에게 쏠리지 않도록 관리됩니다. 하지만 그것은 기회 균등이자 평등이지 정치적 중립성이라는 말로 표현할 수 없습니다. 애당초 정치적으로 중립이라는 것은 대체 무슨 뜻입니까? 각 정당이 주장하는 서로 다른 정책으로부터 동일한 거리를 두고, 교사 개인의 정책에 대한 평가는 입도 벙긋하지 않는 것입니까? 각 정책이 균등하고도 동등한 가치가 있다고 학생들에게 말하는 것인가요? 만약 그렇다면 굳이 독자적 개성을 갖춘 한 인간인 교사가 정치교육을 할 이유가 없습니다. 교사가 설명 따위를 할 필요가 없지요. 선거 입문 같은 쉬운 영상 교재를 문부과학성의 지시대로 제작해 전국 학교에서 일제히 틀어주면 정당들도 '등거리'에서 중립성을 확보하지 않겠습니까?

교사들은 중립적 정보를 그대로 학생들에게 전하는 기계도 아니고, 빈 그릇도 아닙니다. 각자가 정치적 신념이나 의견이 있고, 인간과 사회가 어떠해야 하는지에 관한 이념과 구체적 행동 지침

등을 세운 인간입니다. 물론 교사라는 직업을 실현하면서 지켜야 할 윤리나 규범은 있습니다. 그리고 그런 윤리, 규범을 지키면서 인간으로서의 면모를 드러내고 학생과 마주하는 과정을 통해 교육은 실천됩니다.

고등학교 때, 저는 학급 담임이었던 역사 선생님을 좋아했습니다. 그분은 교과서에 나와 있는 내용에 따라 역사를 가르칠 뿐 아니라, 항상 현대사에 관해 자세한 프린트를 만들어 와 열정적으로 가르쳐주셨습니다. 물론 현대사 수업이 대학 입시에서 더 높은 점수를 따는 데 직접적 도움이 되지는 않습니다. 하지만 선생님은 왜 하필 그 시기에 우리에게 현대사를 가르치는지, 현대사 관련 지식을 우리가 왜 알아야 하는지를 그분만의 표현으로 설명해주셨습니다. 지금 같으면 문부과학성의 의향에 맞지 않는다는 이유로 문제가 될 수도 있습니다. 하지만 당시 우리는 그 선생님의 현대사 수업이 좋았고 수업을 통해 자연인으로서 당신의 의견을 밝히는 모습을 신뢰했습니다.

얼마 전, 정부 자민당의 홈페이지에서 정치적 중립성을 벗어난 교육 사례를 모집했다가 문제가 된 적이 있었습니다. 이 문제에 대한 각 신문의 논조는 물론 달랐지만, 여론이 하도 들끓자 결과적으로 홈페이지에서 모집 관련 내용을 삭제하기에 이르렀습니다. 모집한 측은 '다양한 사례를 모아 검토함으로써 더 나은 정치

교육을 모색하고자 했다'는 이유를 댔지만, 참으로 희한한 논리입니다. 더 나은 형태를 모색하고 싶었다면 문제 사례, 일탈 사례가 아니라 훌륭한 사례를 모집해야 했습니다.

그러니 그런 움직임의 배후에는 교사가 자유롭게 정치를 가르칠 재량 및 여지를 제한해서 자신들이 이상으로 여기는 '더 나은 중립적 교육'을 시키겠다는 목적이 분명히 존재했다고 보아야 합니다. 그와 같은 공공연한 시도는 교육 현장에 서서히 압력을 가하고, 그리하여 교육 현장을 위축시키고, 결과적으로는 교사들을 감시하고 통제하는 폭력이 되지 않겠습니까? 그리고 그러한 폭력은 왠지 정부 자민당처럼 지금의 정치체제를 계속 유지하고 싶어 하는 쪽의 정치 세력이 활발히 휘두르는 것 같습니다. 정치적 중립이라는 말을 쓰면서 슬그머니 말입니다. 그렇다면 그러한 힘의 행사는 '정치적으로 중립적 태도를 보이라'는 주장이 아닙니다. 오히려 지금의 정치체제를 다양한 방식으로 비판하는 세력, 이념, 사상을 높게 평가하고 새로운 의미를 부여하려는 교사의 생각이나 자세를 억누르는 행위이지요.

저는 다음과 같은 점을 분명하게 말씀드리고 싶습니다.

먼저 교사가 어찌해야 하는가 하는 점입니다. 자신의 신념과 의견을 확실히 말하지 않는 교사는 학생들에게 모호한 존재이며, 100% 신뢰할 수 있는 존재가 될 수 없습니다. 특히 교과 지식의 전달이 아니라 인간이라는 존재로서 깨우쳐야 하는 '정치적인 것'에 대해 최대한 각성을 촉구하는 교육에서 교사의 자세는 매우 중요합니다. 교사는 인간으로서 학생을 정면으로 마주하며 진심에서 우러나오는 말을 해야 하니까 말입니다.

또 하나는 학생이라는 존재를 어떻게 평가해야 하는가 하는 점입니다. 정치적 중립성의 배후에는 학생을 스스로 판단할 수 없는 미성숙한 존재로 보는 시각이 숨어 있습니다. 그래서 특정 가치관에 물들지 않도록, 지극히 '보통이며 건전한' 국민이 될 수 있도록 안전하고 중립적인 정보를 제공하려 하는 것입니다. 그러나 그것은 학생의 존재를 오해하고, 경시하고, 무시하는 행위입니다. 그들은 교사가 제공하는 다양한 지식과 정보를 제대로 판단할 수 있는 여유와 힘을 가진 존재입니다.

1968년 교토를 무대로 한 〈박치기〉(이즈쓰 가즈유키井筒和幸 감독. 2004)라는 청춘 영화가 있습니다. 상당한 성과를 얻은 수작이지요. 영화에는 조선고등학교와의 친선 축구 경기를 요청하는 교토부립(京都府立)고등학교의 일본인 교사가 등장합니다. 그는 칠판에 마오쩌둥의 이름을 크게 써놓고 《마오쩌둥 어록》을 한 손에 든 채 열정적으로 혁명론을 논합니다. 지금 같으면 엄청난 문제 교사로 찍힐 테지만, 학생들은 '아, 또 시작이다!'라는 표정으로 말꼬리를 잡거나 놀리고 웃으며 적당히 넘겨버립니다. 물론 혁명 사상에 심취한 교사는 코믹한 쪽으로 과장된 가상 인물이지만, 사회를 변화시키고 싶다는 분위기가 삶 속에 가득했던 당시 상황을 생각하면 '그래, 저런 선생님도 계셨지'라고 묘하게 수긍이 갑니다.

당시에는 사회와 인간에 관해 자신이 옳다고 생각하는 가치와 규범, 사상을 교사가 자유롭게 밝힐 수 있었습니다. 시대가 변하고 교사에게 온갖 구속이 가해지면서부터 국가가 바라는 대로 지식만 전달해야 하는 숨 막히는 현실이 교육 현장을 지배하게 되었지요. 그래서 학생들도 그 영향 탓에 자유롭게 자신의 정치성을 각성하거나 그 정치성을 풍성하게 키우기가 어려워진 것입니다.

저는 영화에서 혁명에 심취한 선생님을 따르면서도 선생님의 이야기를 가볍게 웃어넘기는 학생들의 여유에 끌렸습니다. 그런데 요즘 젊은이들에게도 그런 여유와 힘이 있습니다. 그렇기 때문에 다양한 가치와 사회의 모습을 가르쳐주려는 움직임을 견제하고 경직된 가치만을 가르치려 하는 정치적 중립성은 젊은이들의 여유나 힘과 공명할 수 없으며, 결과적으로 젊은이의 여유와 힘을 억압하는 힘이라 할 수 있습니다.

개인적인 것은 정치적이다

질문 방법을 조금 바꿔보겠습니다. 현재 선거권 연령이 열여덟 살로 낮아지면서 교육 현장에서는 어떻게 하면 젊은이들이 당혹감을 느끼지 않고 투표를 할 수 있을지가 중심 주제로 부상했습니다. 그런데 적절한 투표 행위를 촉구하기 전에 따져봐야 할 점이 있지 않습니까? 우리가 정치적 존재라고 하는데 대체 우리에게 '정치적이라는 것'은 어떤 의미일까요? 그 부분부터 생각할 필요가 있습니다.

'개인적인 것은 정치적이다'라는 너무나도 유명한 슬로건이 있습니다. 다양한 차별과 억압에 대해 자신들의 의식을 각성하고 변혁함과 동시에 사회를 바꾸려 하는 흑인 해방운동, 여성 해방운동, 장애인 해방운동, 성적 소수자 해방운동이 이 슬로건 아래에서 활동을 전개했습니다. 사회 내 그들의 처지는 다 다르지만,

자신들을 운동의 주체로 자리매김할 때 이 슬로건은 기본자세를 보여준다 할 수 있습니다.

어째서 개인적인 것은 정치적일까요? 차별받는 사람들을 생각해봅시다. 차별은 구체적으로 어디서 발생합니까? 차별이나 억압의 원인은 사회 전체의 구조나 국가체제, 그리고 사람들이 일반적으로 품은 의식이나 지식에 대한 믿음 등 개인의 사적 세계를 넘어선 곳에도 숨어 있다고 볼 수 있습니다. 하지만 현실에서 차별이 일어나 누군가 억압과 속수무책의 고통을 느꼈다면, 그것은 구체적이고 개인적이며 사적인 공간 속에서 일어난 일입니다.

'나는 밖에서 일하니 가사와 육아, 교육, 부모 봉양 등 집안일은 모두 너의 책임'이라며 집에 돌아오면 꼼짝도 하지 않는 남편이 있다고 합시다. 부인은 그것이 자신의 역할이라 믿고 집안일을 열심히 합니다. 그런데 다양한 문제가 발생합니다. 부인 혼자서는 대응도, 해결도 할 수 없는 일들이 많습니다. 그때 남편이 '나는 관계없다. 네가 잘못한 거야'라고 아내를 비난하고 책임을 추궁합니다. 이러한 상황이 일어난 공간은 대체 어딥니까? 식탁이고, 거실이고, 침실입니다. 그야말로 사적이고 개인적인 공간이지요. 부부라는 지극히 친밀하고 개인적인 관계성 속에서 일어난다는 얘기입니다.

여러분도 잘 아시겠지만, 가족과 가정 문제는 부인인 여성 혼자 모두 해결할 수 있는 성질의 것이 아닙니다. 그런데도 '나는 당신의 남편이니까, 나는 당신의 아내니까'라는 생각으로 개인적이고 친밀한 관계성의 세계에 갇혀 있는 한, 고통은 커지고 악화될 뿐입니다. 그래서는 안 됩니다.

문제에 직면해 어떻게 해결해야 할지를 생각할 때는, 부부 관계나 가족 관계, 부모 봉양 등의 문제를 새롭게 보고 '남자는 밖, 여자는 안'이라는 전통적이고 인습적인 성별 역할을 신봉해온 자신들의 모습을 깨달아야 합니다. 그래야 문제의 원인이 자신들의 일상, 개인적이고 사적인 관계성에 있다는 점을 알게 되고, 그것을 느리게라도 변혁할 수 있습니다. 이때 비로소 두 사람은 이미 눈앞에 있는 '당신과 나'의 사적이고 친밀한 관계를 넘어서서 상대를 이해할 수 있습니다.

'나를 사랑해주지만, 아이들과 부모, 나를 이해해주지는 않는 당신'이라는 이해가 '남자는 밖에서 일하며 가족을 부양해야 어엿한 사내라고 믿고 그러니까 잠자코 일해야 한다는 인습적인 남성 역할에 얽매이고, 그런 의미에서 고통을 안고 사는 세상의 많은 남성 중 한 사람으로서 불쌍한 당신'이라는 차원으로 변하게 된다는 말입니다.

즉 우리는 사적이고 친밀한 관계성이라는 구속을 깨닫고 그것을 밀쳐둠으로써 비로소 개인적 세계에 숨은 온갖 정치성에 비판적 눈길을 보낼 수 있는 것입니다. 그럼 어떻게 하면 친밀성이라는 구속을 깨달을 수 있을까요? 민속방법론이 주장한 사람들의 방법을 제대로 이해하고 당연함을 의심하는 사회학적 자세와 상상력이 중요한 길라잡이가 됩니다.

우선 우리의 관심과 안테나를 우리가 사는 일상 및 친밀한 관계에 있는 사람들의 세계로 한정 짓지 말고, 그 세계 너머로 확장해야 합니다. 이것이 필수적입니다.

생각해보면 금방 알 수 있습니다. 우리는 살면서 만나는 사람보다 만나지 않는 사람의 숫자가 훨씬 많습니다. 그렇다면 만나지 않는 사람들과 내가 '지금, 여기'를 살아간다는 의미가 무엇인지 등을 고민하고, 본 적도 없고 만난 적도 없는 타인이 같은 시간을 살아가고 있는 데 대한 상상력을 단련하면서 타인을 이해하는 감각을 갈고닦아야 합니다. 이는 상당히 재미있는 행위가 될 것입니다.

달리 표현하면, 그것은 자신의 일상 밖에 사는 사람의 현실에 대한 관심을 환기하는 행위이며, 풍부한 상상력을 키우는 행위입니다. 만난 적 없는 사람의 현실에 대한 관심과 상상력을 단련하면서 그들과 자신이 어떻게 살아야 할지를 생각하는 순간이 개인적인 것에 숨어 있는 정치성을 깨닫는 순간입니다.

앞서 언급한 부부의 사례로 말하자면, 아내가 남편을 불쌍한 남성으로 보게 되는 순간이겠지요. 그런 뒤, 평소 자주 만나는 사람들과 같이 살아가는 일상이 대체 어떤 세계인지를 우리는 다시 한번 돌아보고 되짚어보아야 합니다.

한 번도 만난 적 없는 수많은 낯선 타인의 현실에 관해 관심과 상상력을 키우고 단련하면서 타인에 대한 상상력, 타인을 이해하려는 시선으로 살아 있다는 감각을 실제로 느끼는 일상을 삽시다. 그런 시도를 반복함으로써 우리는 스스로에게 중요하고 의미 있는 정치적인 것이 무엇인지 조금씩 실감할 수 있습니다.

제가 강조하고 싶은 것은 나의 현실과 낯선 타인의 현실 사이를 항상 오가면서 타인이 살아 있음에 대한 상상력을 단련하는 행위 속에서만 정치적인 것에 깨달음을 얻을 수 있다는 점입니다.

타인의 '행복'에 대한 관심

그런데 타인이 사는 현실에 관해 관심과 상상력을 갈고닦는 이유는 무엇입니까? 앞으로도 몇 번이고 치르게 될 선거에서 기권하지 않고 투표하기 위해서인가요? 그럴 수도 있겠지요. 하지만 더 중요한 목적이 있습니다.

'우리가 친밀한 사람들과의 관계 속에서 행복하게 살기 위해, 동시에 우리가 모르는 많은 타인과 함께 행복하게 살아가기 위해서'입니다.

그런데 이 목적에는 다양한 질문이 생겨납니다. 나와 내가 알지도 못하는 타인이 동시에 행복해질 수 있을까요? 또 쉽게 행복이라는 말을 쓰지만, 대체 행복이란 무엇일까요? 더 구체적으로 생각할 필요가 있겠습니다.

나의 행복과 타인의 행복은 일치할까요? 일치하지 않는다면 어느 쪽을 우선시해야 할까요? 또는 어느 쪽을 우선시할지 따위는 생각지 않고, 다양한 행복을 비교 및 검토하여 그 공통된 부분에 무게를 두어야 할까요? 의문에 의문이 꼬리를 물고 솟아납니다.

가령 생판 남의 행복을 어떻게든 실현하고자 하더라도 나 개인의 힘으로는 아무리 애를 쓴다 한들 가능할 리 없는 경우가 참 많겠지요. 그럴 때 나의 힘으로는 도저히 무리이니 포기하고 자기 행복만 추구하면 될까요? 아닙니다. 나라는 개인의 행동만으로는 불가능하더라도 세상의 여타 방법을 동원해 타인이 살아가는 세계와 이어지면, 낯선 타인의 행복을 실현하기 위한 실마리나 방법을 도출할 수 있습니다.

정치적이라는 것은 나라는 인간이 언제나 타인을 이해하려 하고, 타인에 대한 상상력을 풍성하게 키우면서 타인의 행복에 관해 관심과 흥미를 버리지 않는 것입니다. 지금 미국에서는 대선의 마무리 과정이 한창 진행 중입니다.[27] 선거 결과, 차기 대통령으로 선출된 사람은 미국이 세계 최강이라 호소하며 강한 미국을 되찾으려 합니다. 저는 솔직히 최강이라 믿고 최강이 되고 싶으면 그리하라고 말해주고 싶습니다. 다만 최강이 되기 위한 방법이 참으로 문제입니다. 그는 미국 대중에게 자신의 행복만을 생

---

27 2016년 11월에 있었던 제45대 미국 대선 당시.

각하라고 소리 높여 외치고, 이질적인 타인을 소외시키려 합니다. 인근 국가에서 유입될 불법 이민을 막기 위해 국경에 거대한 벽을 세울 테니 그 비용을 상대 국가가 부담하라고도 합니다.

타인을 소외시키고 자신의 행복만을 추구하는 것이 민주주의라는 주장이 미국에서 많은 공감을 얻는다는 사실이 놀랍습니다. 그런데 저는 그가 구축하겠다는 장벽이야말로 우리가 '정치적'이 되려는 길을 방해하는 장애물이라 생각합니다. 그런데 그 잘못된 생각까지도 인정하고 다양한 차이가 있는 인간이 어떻게든 함께 살아갈 수 있는 일상을 만드는 것이야말로 민주주의입니다. 벽을 세워 고립을 만들라는 놀라운 주장까지 인정하는 것이 민주주의라는 사상입니다.

여러 번 말하지만, 타인을 이해하겠다는 의지야말로 정치적이 되기 위한 핵심 요소입니다. 자신의 일상, 친한 사람의 세계만을 생각해서는 안 됩니다. 이 세계에는 언제나 내가 한 번도 만난 적 없는 수많은 타인이 살고 있으며, 그 사람들과 나는 어딘가에서 이어져 있습니다. 그러니 내가 '지금, 여기'에서 낯선 타인과 함께 살아가고 있음을 실감하고 타인에 대한 상상력을 갈고닦아야 합니다. 그리해야 일상에 숨은 정치적인 것을 만날 기회가 충분히 만들어집니다.

타인의 행복과 나의 행복을 항상 비교하고 각각을 실현하려면,

자신의 일상과 그 너머로 확산하는 다양한 세계를 향해 안테나를 세워야 합니다. 그러한 노력이야말로 일상 속 정치에 에너지를 부여하고, 활기찬 정치와 내가 만날 기회 및 가능성의 폭을 넓혀 줄 것입니다.

현대사를 알아야 하는 이유

　7장을 끝내면서 이번에는 제 생각을 말쓰드리겠습니다.

　타인을 이해하고 싶다는 생각이 있다면 어찌해야 조금씩이라도 앞으로 나아갈 수 있을까요? 저는 그 중요한 방법이 '역사 이해'라 생각합니다.

　헤이트 스피치라는 행위를 예로 들어보겠습니다. 세상이 비판할 뿐 아니라 그 행위를 비난하는데도 그것을 지속하는 사람들이 있습니다. 헤이트 스피치는 인간으로서의 재일 코리안의 존재를 부정하고, 추방과 말살을 부르짖는 노골적 차별 행위입니다. 그리고 재일 코리안이 살아온 역사를 왜곡하고 자기 편할 대로 자의적으로 해석해버리는 조악한 폭력이기도 합니다.

　사람들은 헤이트 스피치가 현재 일본에 필요한, 의미 있는 행위라 생각하지 않습니다. 형편없는 차별이라며 놀라고 기막혀하지요. 그런데 저는 이렇게 생각합니다. 헤이트 스피치를 차별 행위라 보는 것은 마찬가지지만, 단지 그것만이 아니라 그 행위가 얼마나 '정치적이지 않은지'를 스스로 이해하기 위해서 우리가 알아야 할 것이 있다고 말입니다. 재일 코리안이 지금까지 일본에서 어떻게 살아왔는지, 일본이 지금껏 만들어온 제도를 통해 또는 일반적인 의식이나 감정 차원에서 그들이 어떻게 차별과 억압을 받아왔는지 하는 점입니다.

그저 재일 코리안이라는 표현 하나로 부르지만, 각자의 삶과 인생은 당연히 다 다르고 다양합니다. 그런데도 억지로 한데 묶어서 '이러이러한 존재'라고 오해하고 단정 짓는 행위는 그야말로 타인을 이해하고자 하는 의지의 대척점에 있습니다. 안타깝게도 재일 코리안의 역사는 교과서 등에 제대로 실려 있지 않습니다.

정치에 참여할 수 있는 연령을 열여덟 살로 낮춤으로써 일본이라는 국가가 정말 고등학생이나 대학생에게 정치적 존재임을 자각하게 할 생각이라면, 저는 패전 이후 현재까지 일어난 여러 문제에 관한 역사를 제대로 가르쳐야 한다고 생각합니다.

일본이라는 국가가 과거 누구를 상대로 어떤 짓을 했는지, 거기에는 어떤 문제가 있는지, 그것들은 또 현대사회에 어떤 영향을 주고 있는지 등을 누가 봐도 이해하기 쉽게 드러내는 여유와 힘을 가져야 합니다.

'비판하는 힘'의 중요성

끝까지 읽어주셔서 고맙습니다. 어떠셨습니까?

'지금, 여기'에서 시작해 타인을 생각하는 학문, 타인을 이해하는 재미와 어려움에 관해 생각하는 학문이 사회학입니다. 제가 흥미롭게 여기는 주제를 토대로 사회학의 기본적 내용을 정리했습니다. 물론 사회학이라는 학문은 우리 생활과 인생, 지역과 사회, 역사 등과 관련해 훨씬 더 풍성한 내용을 다룹니다. 이 책을 읽고 사회학을 재미있게 느꼈다면 다른 출판사에서 나온 책도 읽어보시기 바랍니다. 뛰어난 사회학 책이 여럿 있습니다.

이제 마지막으로 사회학적 관점, 사회학적 상상력의 핵심을 짚어두려 합니다. 이 책에서도 기저를 이루는 부분입니다. 바로 '비판하는 힘'입니다. 나 자신의 모습에서 시작해 우리가 함께 사는 세상에 이르기까지, 다양한 현실과 만나고 이해하며 자신과의 관련성을 통해서 그 의미를 파악하려 할 때 필수적인 힘이지요.

최근 걱정스러운 일이 일어났습니다. 2020년부터 단계적으로 실시되는 학습지도요령에 따라 고등학교의 공민 과목(사회)에서 현대사회가 폐지되고, '공공(가칭)'이라는 과목이 필수과목으로 신설된다고 합니다. 공공은 7장에서 언급한 선거권 연령과 관련이 있습니다. 실천적 수업을 통해 고등학생에게 정치 참여나 사회 참여의 주체가 어떤 의미인지를 이해시키고, 국가와 사회의 구성원으로서 필요한 지식뿐 아니라 타인과 협동하여 다양한 과제를 해결할 힘을 익히게 한다는 내용이라고 들었습니다. 앞으로 공공이라는 과목에 쓸 교과서가 만들어지면 구체적 내용이 드러나겠지요. 저는 내용도 내용이지만, 공공 과목의 수업을 통해 무엇을 어떻게 가르칠 것인지가 무척 신경 쓰입니다.

젊은이들에게 정치 참여, 사회 참여를 촉구하는 것은 분명 중요합니다. 하지만 더 중요한 것이 있습니다.

그것은 고등학생에게 정치나 사회에 참여하겠다는 의식을 일깨우면서 '이러이러한 주체가 되라'고 가르칠 내용을 검토하는 작업입니다. 가령 정권을 잡는 여당이나 그들의 정치를 지지하는 지배적 세력이 타당하게 여기는 국가, 사회상을 무조건 승인하라고 가르치면 어떻게 되는 것입니까? 그들이 바라는 국가, 사회를 유지하는 데 필요한 가치관이나 규범, 도덕과 윤리에 순종하는 것이 '주체적'이라는 방향으로 공공 과목이 설계된다면 그 얼마나 위험합니까? 국가와 사회가 원하는 지식만 가르치고, 지배 세력이 원하는 도덕과 윤리만이 가치 있다고 가르친다면 그런 과목을 필수로 배운 고등학생들은 진정한 의미에서 타인과 함께 사는 주체가 될 수 없습니다. 또 다양한 차이가 있는 타인끼리 서로를 또 하나의 구성원으로 인정하고 자유롭게 교신하며 관계를 구축할 수도 없습니다.

지나친 생각인지도 모르겠습니다. 하지만 전후 70년이 지났습니다. 실제로 태평양전쟁을 체험한 세대로부터 직접 역사를 배우기 어려워진 현재, 일본이 아시아 국가에 저지른 다양한 부정적 역사는 사회 교과서에서 점차 사라지고 있습니다. 매년 교과서 검정 시기가 되면 언론이 보도하고, 인근 국가에서 비판을 쏟아내고 있지 않습니까?

　정치와 사회에 참여할 주체를 길러내는 데 필요한 힘과 지식은 다양합니다. 그런데 그중 없어서는 안 되는 힘이 있습니다. 그것은 지금까지 저지른 잘못을 포함해 자신이 가진 부정적인 측면을 제대로 직시하고, 앞으로 살면서 어떻게 긍정적으로 변화시킬지를 생각하며 새로운 무언가를 만드는 힘입니다. 저는 그것이 비판하는 힘이라고 생각합니다.

　우리가 국가와 사회의 구성원이라 주장할 때는 공공적 존재로서의 자신을 상상하고 창조해야 합니다. 국가, 사회라는 장에서 활기차게 살아가기 위해서는 비판하는 힘, 그리고 그 힘을 충분히 발휘하기 위해 현대사회와 현대 역사에 관한 정확하고 성실한 지식이 필요합니다.

　공공 과목에서 현대사회와 역사를 제대로 바라보기 위한 지식이 사라지고, 그 과목이 되레 비판하는 힘을 위축시키지는 않을지 걱정입니다. 사회학적 상상력과 비판하는 힘을 빼고는 '공공'이라는 개념을 말할 수 없기 때문입니다.

이 책은 고등학생이나 대학교 1학년 학생, 단기 대학생이 읽었으면 좋겠습니다. 고등학생이나 중학생을 가르치는 선생님께도 권합니다. 학생이나 교사뿐 아니라 정치적, 사회적 주체가 되려는 아이가 있는 부모님께도 좋습니다.

이 책을 읽고 사회학적 사고와 행위가 재미있다고 생각하신 분을 위해 제가 쓴 다른 책도 소개합니다. 《'당연함'을 의심하는 사회학-질적 조사의 감각》(2006년)은 학생들에게 평판이 좋아 여러 번 증쇄한 책입니다. 본문에서도 언급했다시피 당연함을 의심하는 자세와 시각이야말로 사회학의 질적 조사 연구에 필수라는 점을 사례를 통해 재미있고 평이하게 풀었습니다. 또 《위화감에서 시작한 사회학-일상성의 필드 작업으로 초대합니다》(2014년)도 있습니다. 본문에도 나왔던 쉬츠의 일상생활 세계론이나 가핑클의 민속방법론 관련 이론, 방법을 더 자세히 설명하고 일상성이라는 풍요로운 필드를 어떻게 탐구할 수 있을지를 설명했습니다.

또 정확하게 말로 표현하지는 않았지만, 본문에서 저는 일상적으로 존재하는 차별과 소외 현상을 예로 들어 여러 이야기를 했습니다. 차별과 소외라는 문제, 일상적으로 다양하게 일어날 수 있는 차별이나 소외라는 현상에 흥미가 있는 분들은 다음 책을 읽어주십시오.《차별 원론-'내' 안의 권력과 만나다》(2007년),《차별의 현재-헤이트 스피치가 있는 일상에서 생각하기》(2015년)입니다. 이 책들은 사람은 누구라도 상대를 차별할 가능성이 있으며, 자신이 어떻게 그 가능성과 마주할 수 있을지를 쉽게 설명하고 있습니다. 차별하면 안 된다고 하지만, 우리는 자신도 모르는 사이에 누군가를 차별합니다. 그리고 차별은 자기 삶과는 전혀 무관한 '강 건너 불'이라는 생각도 뿌리 깊습니다. 이런 일반적인 관점에서 벗어날 때, 우리는 더 풍요로운 일상을 살 수 있습니다.

이 책은 2015년 가을에 받은 한 통의 정중한 편지 덕에 집필하게 되었습니다. 요시자와 마이코(吉澤麻衣子)라는 뛰어난 편집자의 권유가 없었다면 이 책은 나오지 못했습니다. 제가 이야기하고 싶은 바가 조금이라도 쉽게 여러분께 전달됐다면 그것은 모두 요시자와 씨 덕분입니다. 혼자만 이해하는 표현, 문체, 주장에 대해 일일이 세심하고 엄격하게 지적하고 고쳐주신 점 감사합니다.

고맙습니다.

이 책을 읽고, 한 명이라도 많은 젊은이가 사회학에 관심과 흥미를 느끼길 바라며 에필로그를 마칩니다.

2016년 11월

요시이 히로아키

복잡한 세상을 이해하는 지금 여기의 사회학 이야기

일상적인 것이 가장 정치적인 것이다

초판 1쇄 발행 2018년 5월 23일
지은이 요시이 히로아키 ┃ **옮긴이** 정문주

펴낸이 민혜영 ┃ **펴낸곳** 오아시스
주소 서울시 마포구 월드컵북로 42다길 21(상암동) 1층
전화 02-303-5580 ┃ **팩스** 02-2179-8768
홈페이지 www.cassiopeiabook.com ┃ **전자우편** oasis_editor@naver.com
출판등록 2012년 12월 27일 제2014-000277호
외주편집 박김문숙 ┃ **디자인** 석혜진

ISBN 979-11-88674-18-3 03300

이 도서의 국립중앙도서관 출판시도서목록(CIP)은 서지정보유통지원시스템 홈페이지(http://seoji.nl.go.kr)와
국가자료공동목록시스템(http://www.nl.go.kr/kolisnet)에서 이용하실 수 있습니다.
CIP제어번호: CIP2018013818